コンフリクト転換の平和心理学
―沖縄と大学教育をフィールドとして―

杉田明宏 著

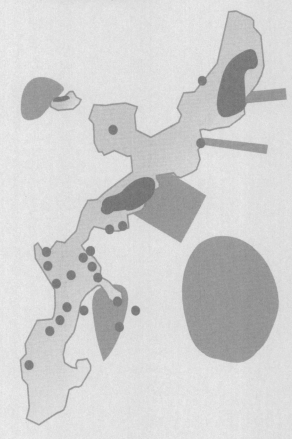

風間書房

まえがき

　本書は、21世紀になってから筆者が平和心理学の分野で行ってきた研究の成果をまとめたものである。日本における平和心理学については、筆者も編集委員を務めた『平和を創る心理学　第2版』を参照されたい。本書を貫く平和心理学への問題意識は、筆者が1985年に修士論文で大学生の平和意識について調査をした時に端を発する。この研究は『心理科学』誌に掲載された。1996年度に大東文化大学でゼミを開講してからは、沖縄をめぐる平和の問題と紛争解決に一貫した関心を抱き追究してきた。本書はこの90年代後半以降の筆者のテーマに深く関連している。

　本書のキーワードは沖縄とコンフリクト転換を中心とする平和教育であり、第1部の「沖縄と向き合う平和心理学」、第2部の「コンフリクト転換に基づく平和教育の実践と評価」の2部構成となっている。

　第1部は、大東文化大学でのゼミ指導が背景となっている。1996年度以来、毎年、ゼミ生と沖縄スタディツアーを行ってきた。日本の平和問題を考える上で、沖縄戦という過去の経験と米軍基地の集中という現在の状況を自分の目で確かめることに多大な教育的意義があると考えたからである。この教育の経験から沖縄に関連して、研究のヒントを得ることができた。第1章では、沖縄戦の経験を若い世代に伝えようとする平和ガイドの特質について分析と考察を加えている。第2章では、ゼミ生を対象として、沖縄スタディツアーの効果をテキストマイニングによって分析し、その意義を明らかにすることができた。さらに第3章では、沖縄スタディツアーで必ず触れることになる戦争・平和のモニュメントについて、全国都道府県によって建立された慰霊塔・慰霊碑の文言をテキストマイニングによって分析し、その平和教育における意義について考察した。

第2部では平和教育の方法と評価について扱っている。テーマの中心はコンフリクト転換である。筆者は2000年に平和学者ヨハン・ガルトゥングのワークショップに参加し、「トランセンド法」というコンフリクト転換の理論に深く共鳴した。その効果を検証したのが第2部の中身である。第4章では、現職教員の教員免許状更新講習の場面でトランセンド法を紹介して、その反応を評価した。その後、トランセンド理論を背景にした『みんながHappyになる方法』というアニメのDVD教材が制作されたため、それを次の教員免許状更新における筆者の教育実践に活用した結果を第5章で述べた。さらに第6章では、同じ教材を用いて大学の新入生向けの入門講座で行った実践とその結果を報告している。

　以上のように、沖縄問題とコンフリクト転換教育を軸にしながら平和心理学の理論と実践を追究してきた筆者の研究をまとめたのが本書である。

目　次

まえがき……………………………………………………………………………… ⅰ

第 1 部　沖縄と向き合う平和心理学 …………………………………………… 1

第 1 章　沖縄・平和ガイドの平和心理学的考察 ……………………… 3
　1　はじめに ……………………………………………………………………… 3
　2　沖縄にはたらく暴力の諸相 ………………………………………………… 6
　3　沖縄・平和ガイドの特質 …………………………………………………… 12
　4　平和ガイドについての平和心理学的考察 ………………………………… 23
　5　まとめにかえて ……………………………………………………………… 32
　　　文献 ………………………………………………………………………… 34

第 2 章　沖縄ピースツアーの効果と意義
　　　　　　テキストマイニングを用いて ……………………………………… 37
　1　問題 …………………………………………………………………………… 37
　2　目的 …………………………………………………………………………… 41
　3　方法 …………………………………………………………………………… 44
　4　結果 …………………………………………………………………………… 45
　5　考察 …………………………………………………………………………… 58
　　文献 …………………………………………………………………………… 67
　　付録A　2011 年度杉田ゼミ　募集要項 …………………………………… 68
　　付録B　事前テスト ………………………………………………………… 70
　　付録C　事後テスト ………………………………………………………… 71

第3章　沖縄の各都道府県別の慰霊塔・碑の特徴
　　　　　テキストマイニングによる分析 …………………………… 73
　1　はじめに …………………………………………………………… 73
　2　本研究の目的と方法 ……………………………………………… 75
　3　結果と考察 ………………………………………………………… 76
　4　慰霊碑研究の意義：考察の視点 ………………………………… 90
　5　まとめ ……………………………………………………………… 91
　　　文献 ……………………………………………………………… 92

第2部　コンフリクト転換に基づく平和教育の実践と評価 ……… 95

第4章　コンフリクト転換を重視した平和教育とその評価
　　　　　ガルトゥング平和理論を主軸にした教員免許状更新講習 ………… 97
　1　はじめに …………………………………………………………… 97
　2　講習の概要 ………………………………………………………… 98
　3　プログラムの評価 ………………………………………………… 107
　4　おわりに …………………………………………………………… 121
　　　文献 ……………………………………………………………… 123
　　　付録A　杉田明宏による平和学的教育論 ……………………… 125
　　　付録B　当日受講者に提示した平和学関係の参考文献 ……… 126

第5章　コンフリクト転換を重視した平和教育とその評価
　　　　　教員免許状更新講習におけるアニメ『みんながHappyになる方法』
　　　　　活用の実践と効果 …………………………………………… 129
　1　はじめに …………………………………………………………… 129
　2　講習の概要 ………………………………………………………… 130
　3　教育効果の検証 …………………………………………………… 132

4	考察	137
	文献	139

第6章　大学新入生講座『アニメで学ぶ対立の解決』における　コンフリクト対処スタイルの変化 …………………… 143

1　問題 …………………………………………………………… 143
2　方法 …………………………………………………………… 144
3　結果 …………………………………………………………… 147
4　考察 …………………………………………………………… 149
　　文献 …………………………………………………………… 151
　　付録A　講座用のレジュメとワークシート ………………… 154
　　付録B　事前質問紙 …………………………………………… 155
　　付録C　事後質問紙 …………………………………………… 157

あとがき…………………………………………………………… 159

初出一覧…………………………………………………………… 161

第 1 部

沖縄と向き合う平和心理学

第 1 章

沖縄・平和ガイドの平和心理学的考察

1 はじめに

　アジア太平洋戦争終結 60 年目にあたる 2005 年、70 歳（終戦時年齢 10 歳）以上の日本人人口比は 14.3% となった（総務省，2005）。これは、まとまった体験を記憶可能な年齢の下限を 10 歳前後と仮定するなら、自らの体験として戦争を記憶していて他者に伝えうる条件をもつ日本人が 7 人に 1 人となったことを意味する。しかも、この中には 80 歳以上の超高齢者が 5% ほど含まれていることを勘案するならば、アジア太平洋戦争の体験を伝える事ができる人口は実質 10 人に 1 人になったと考えるべきであろう。山田（2005）は、世代構成に関して①戦争体験世代（70 代以上）・準体験世代（60 代）= 26%、②非体験第一世代（50 代～40 代）= 27%、③非体験第二世代（30 代～20 代）= 28%、④非体験第三世代（10 代以下）= 19%、というデータを示し、戦争体験世代の記憶の伝承の困難さを指摘している。

　こうした状況は「長寿県」沖縄においても例外ではない。例えば、沖縄における戦場体験の証言活動を続ける代表的存在である「元ひめゆり学徒」は、70 歳代半ばから 80 歳に達する。ひめゆり平和祈念資料館において来館者に体験を語る「証言員」は、89 年の開館当時の 28 人から、高齢や病気によって 10 人台にまで減少している（ひめゆり平和祈念資料館，2005）。館長・本村（2004）の「私たちは館内に立って参観される方々に戦争体験を語り続けて

参りました。しかし、高齢化のために、それができなくなる日が目の前に近づいております」という言葉が状況を端的に物語っている。元ひめゆり学徒と若者の共同の学び場「虹の会」を立ち上げた作家・下嶋（2005）は、戦争体験者にとって「戦後60年」はあっても「戦後70年はもはやない」という表現で警鐘を鳴らしている。

　こうした体験世代の減少が進む現状の中で、いわゆる体験継承の困難さ・必要性についての議論や、継承への新たなチャレンジが被爆体験地の広島・長崎をはじめ各地で盛んに行われるようになった。日米最後の地上戦の現場となり、県民の4人に1人が命を落とした沖縄においても、戦争体験をいかに次世代に継承するかが、沖縄社会にとっての重要課題として、6月23日の「慰霊の日」をはさみ、マスコミ等を通じて繰り返し論議されている。例えば、前出の「虹の会」の試みは次のように報じられた。

　　　元ひめゆり学徒との対話を通じ若者が沖縄戦について語り継ごうと結成された「虹の会」の討論会が二十二日、糸満市のひめゆり平和祈念資料館で開かれた。一年間の活動の集大成として、同会は若者たち自身の「戦争体験」や継承への取り組みを七月に報告することにしており、今回が最終の討論。戦争体験から時代背景まで幅広い意見が交わされた。同会は元学徒の高齢化が進む中、若者との対話で戦争体験を語り継ごうと、ノンフィクション作家で東京在住の下嶋哲朗さんらが中心となり昨年八月に発足。高校生や大学生が同資料館の証言者と月に一回、討論を重ねてきた。

　　　戦争体験を一方的に聞くだけでなく。車座になって寮生活や時代背景にまで幅広く若者側から問い掛ける。元学徒の人生に肉薄し、痛みや後世への願いを時間をかけてくみ取って、若者の理解と成長につなげようという語り合いの場だ。
　　　　　　　　　　　　（後略：沖縄タイムス　2005年5月23日夕刊）

　また、沖縄方言による体験継承談の試みも新しいアプローチとして注目さ

れている。

> 「戦争と記憶　島クトゥバで語る戦世―五百人の記憶」（主催・琉球弧を記録する会、沖縄タイムス社）が十二日、那覇市ぶんかテンブス館であり、沖縄戦の体験をシマクトゥバ（方言）で語る証言映像の上映会とシンポジウムが開かれた。約二百五十人が参加。パネリストは、シマクトゥバでの証言について「住民の視点から沖縄戦をとらえるためには重要だ」などと語った。（中略）上映作品を見た沖国大四年の新垣真理子さん（21）は「本で読む日本語訳された体験談と違い、（島クトゥバの）生の声での語りが新鮮だった。体験者が声を詰まらせながら話す姿を見て、若い世代が沖縄戦の事実を学ぶことの大切さを実感した」と感想を話した。　　　　　　　　　　　　　　（沖縄タイムス　2005年6月13日夕刊）

　こうした戦争体験の継承活動は、暴力を平和へと転換するプロセスを導き出そうとする平和心理学[1]にとって、きわめて豊かな材料を提供している。
　ところで、この沖縄戦体験の継承活動において、ボランティア平和ガイドの存在を欠くことはできない。後に触れるように、沖縄戦とそれに続く27年の米国支配という歴史的特殊性のもとで、沖縄戦の実相と歴史的意義を解明し、沖縄社会において共有化し、さらに日本・世界の平和資源へと高めていく過程において、平和のアクター[2]として果たしてきた社会的役割はきわめて大きい。さらに、近年、本土からの修学旅行生や県内の児童・生徒たちの体験型・参加型の平和学習の増加にともない、戦跡および米軍基地を案内するボランタリーな平和ガイドに対する需要が高まり、改めて注目を集めている。彼ら沖縄の平和ガイドが沖縄戦体験継承、並びに沖縄平和学習のプロセスにおいてどのような役割を果たしているのか、今後どのような可能性を有しているのかは、平和心理学上の重要課題といえよう。
　本章の目的は、沖縄にはたらく暴力の性質を整理した上で、それを学習者に媒介する平和のアクターである平和ガイドの意義について平和心理学的に

解明することである。

2 沖縄にはたらく暴力の諸相

(1) 戦後60年の沖縄と暴力

　考察の出発点として、まず、沖縄社会に今日はたらいている戦争・基地に起因する暴力を平和心理学的な観点から整理してみよう。

　戦後60年目の沖縄における平和問題（沖縄戦と基地の問題）上の出来事は、2005年の4月から9月までの半年間に限定しても、表1のような高頻度で発生していた。これらの事象は、沖縄県民の身体的・精神的安全と安心、および、社会環境・自然環境に被害と脅威を与えている。即ち沖縄社会の潜在的実現可能性に対し現実を低く抑え込んでいるという意味で「暴力」に他ならない。

　平和学者ヨハン・ガルトゥングは、近年、「暴力」を直接的・構造的・文化的の3形態でとらえ、それらの相互関係を分析する枠組みを提起している。これらの関係は、各暴力を頂点とする「暴力の三角形」という概念図で表現される。ガルトゥングは、これを非暴力・創造性・共感に基づいて「平和の三角形」へと転換していくことを、平和学の構想として提唱している (Galtung, 1996；蒔田, 2003)。

　心理学は、従来、このうちの直接的暴力という行動面と、文化的暴力という心理面、および、その連関を主として扱ってきたといえよう。構造的暴力は、心理学研究という文脈においては直接的暴力・文化的暴力の背景となる所与の社会科学的要因群であり、分析や働きかけの対象となりにくかった。

　しかし、平和心理学の構想は、構造的暴力も含めた「暴力の三角形」全体を分析と働きかけの対象とし、「平和の三角形」を実現しようとするものと言うことができる。その意味では、マイクロ・システム、メゾ・システム、

表1　2005年4〜9月の沖縄における暴力事態

- ● 4/1　海兵遠征部隊MEUイラクから帰還　沖国大墜落ヘリと同型機も帰還
- ● 4/4　キャンプ・ハンセン不発弾による大規模原野火災
- ● 4/26　辺野古沖ボーリング調査の夜間作業開始　反対派が徹夜の阻止行動体制へ
- ● 5/17　久米島の農道に嘉手納基地の米軍ヘリ不時着
- ◆ 5/20　自由主義史観研究会が沖縄調査「集団自決」への軍命を否定
- ● 6/6　米海兵隊水陸両用車が宜野座民間地侵犯・高架橋破損
- ● 6/9　米海兵隊水陸両用車が辺野古漁港沖に水没　油漏れ発生
- ◆ 6/9　青山学院高等部入試問題に「ひめゆりは退屈」との記述があったことが判明
- ● 6/14　嘉手納ラプコン故障で那覇空港便1万人に影響
- ● 6/15　普天間ヘリ訓練激化
- ● 6/20　嘉手納基地深夜—早朝騒音激化
- ◆ 6/23　慰霊の日：昭和高女（でいご学徒）同窓会高齢化で最後の慰霊祭／制服陸自100人で摩文仁慰霊祭
- ● 7/3　嘉手納空軍兵士による女子小学生への強制わいせつ事件
- ● 7/7　在沖米軍4軍調整官「空港を建設後周囲に人が集まった」と発言
- ● 7/10　沖国大の「壁」解体
- ● 7/12　キャンプ・ハンセン都市型戦闘訓練施設　実弾演習強行
- ● 7/15　キャンプ・ハンセン原野火災発生
- ● 7/19　キャンプ・ハンセン都市型訓練反対県民大会に1万人
- ● 8/15　キャンプ・ハンセン都市型訓練施設で実弾射撃訓練を再開
- ● 8/23　嘉手納基地100デシベル爆音、日に15回
- ● 8/23　米海兵隊大型トラックが高速道料金所でUターン、一般の自家用車と衝突
- ● 8/24　嘉手納基地で有事即応訓練、役場目前で爆発音・混乱
- ● 8/31　辺野古座り込み500日
- ● 9/3　嘉手納基地で米軍16機未明に離陸／90デシベル超爆音が4回
- ◆ 9/7　西原町図書館前に旧日本軍大砲が展示される
- ● 9/14　普天間基地に嘉手納の米軍機飛来で100デシベル超爆音が6回
- ● 9/14　本島中北部で米軍ヘリ大規模演習
- ● 9/15　キャンプ・ハンセン都市型戦闘訓練施設屋外射場で実弾射撃訓練4日連続
- ● 9/22　普天間爆音訴訟　住民側の控訴棄却
- ● 9/23　伊江島補助飛行場でパラシュート降下訓練の米兵三人が農作業中の畑に降下

（●は米軍基地関連、◆は沖縄戦関連）

エクソ・システム、マクロ・システムを分析の枠組みとして提起したブロンフェンブレンナーの生態学的システム論（Bronfenbrenner, 1979）のイメージに近い。すなわち、マイクロ・システムのみならず、システム間の関係やその外側の要因群やアクター（行為主体）を分析と働きかけの対象に組み入れようとするものである。これは、カウンセリング分野でいうなら、マイクロからマクロまでの各システムを視野に入れて治療的・予防的・発達的・コミュニティー的アプローチを構想しているマクロ・カウンセリングとも共通する枠組みである（井上, 2004, 2005）。

(2) 米軍基地問題に関わる暴力の三角形

さて、この平和心理学的視点から、表1に示された沖縄社会に働く暴力を概観するとき、まず浮かび上がるのは、米軍の存在に起因する暴力の三角形である。

表中の事件、事故・汚染は、米軍による沖縄県民個々人の心身や、コミュニティー関係、生活・自然環境を侵害・破壊する直接的暴力である。この時期は、米軍の大規模演習や基地機能の再編成作業を背景に持つと推測される爆音や訓練事故が顕著であった。

この背景には米日関係の構造的暴力が存在する。例えば、前述の直接的暴力の多発という事態に対し、日本国政府は日米安保体制の維持・強化を住民の安全・安心よりも優先させ、米軍に対して何ら有効な法的対策を講じようとしてこなかった。中でも、駐留米軍に様々な優遇的地位を保障し、事件・事故の最大の誘因と考えられる日米地位協定に対しては、沖縄側（行政当局および県民）から改訂要求がくり返しなされてきたにも関わらず、日本政府は協定内容の変更を米側に求めることなく、運用改善を求めるにとどまっている。これは、国家として国民の安全にとって必要な措置をとらない「不作為」という種類の暴力であるが、その背景には、米日間の非対称的な経済・政治・軍事的構造が存在する。この関係はまた、米国施政権下の27年間と

施政権返還後の 33 年間を通じて止むことの無かった直接的暴力によって固定化されてきたという側面もある。

　さらに、これら直接的暴力・構造的暴力を正当化・合法化しようとする言説・理論・イデオロギーが文化的暴力である。例えば、米軍側は沖縄県民に基地との共存を求める際たびたび「良き隣人」なる表現を用いている。米国防省が議会に提出した「日米安全保障関係に関する報告書」（1995 年 3 月 2 日）において、米軍も基地の周辺社会の「良き隣人」たろうとし、「訓練が住民にもたらす生活上の不便を最小限にしようとしている」と主張している（朝日新聞，1995 年 10 月 27 日社説）。一方、日本政府もその受忍を求めて同様の表現を用いている。いわく、「多くの米国民は、真の『良き隣人』として沖縄県民の友情と信頼を大切にし、規律を重んじ、日本の法律を遵守することについて絶え間ない努力を続けています」（那覇防衛施設局，2005）。このような用語、言説は、米日の直接的暴力や構造的暴力を隠蔽する機能を果たしているといえよう。また、小泉首相（当時）が米軍再編案の受け入れを求めて用いた「平和と安全の代価」（朝日新聞，2005 年 11 月 16 日）という表現とその発想も、直接的・構造的暴力を正当化するための文化的暴力というべきであろう。

（3）沖縄戦に関わる暴力の三角形

　沖縄社会に働く暴力の第二のものは、過去の沖縄戦に起因する暴力の三角形である。とりわけ、戦後 60 年目に焦点化されたのは、沖縄戦の戦争被害者の後遺症の存在、その人々への社会的ケアの欠如、さらに、戦時体験の忘却と歪曲等の問題であった。

　戦争状況の中で受けた、あるいは及ぼした直接的暴力は過去のものであるが、そのことに起因して抱え込んだ PTSD に苛まれている人々は多数存在すると考えられる。例えば、2005 年に NHK が放映した沖縄戦時の読谷村民のドキュメンタリー（NHK スペシャル「沖縄よみがえる戦場」）の中で、米軍

上陸時 26 歳だった女性が、チビチリガマでの「集団自決」時に 5 歳の長男を失った体験が紹介された。彼女はこの一件を家族に語ることなく戦後暮らしてきたが、60 年目を機会に、当時の自分と同年齢になった孫娘に初めて「その時」の状況と思いを語った。

　この女性のように、思い出すことがつらい、話しても体験した人しかわからないと考えて誰にも話さない、あるいは、話せないまま戦後を生きてきた人は多い。元ひめゆり学徒の証言員のように、その体験を語ることを使命と自認してきた人々の中にも、同様の傷がある。著者が参加した戦跡フィールドワークにおいて、元学徒の島袋淑子さんが、当時配属された糸数分室（アブチラガマ）の説明の途中で「私はいまでもこの先に行くのは辛いですから」と立ち止まる場面があった。それは脳症患者の収容区域で、意識障害の重傷者たちがわめき暴れていた恐怖の記憶がよみがえる場所であり、60 年を経てなお癒えない傷の存在を推測させた。苛烈な体験をした 6 月になると毎年体調が悪くなるという体験者の存在も聞かれる。

　さらに、人格形成・社会生活の歪みや PTSD・統合失調症等の精神障害を抱えることになった人々も少なくない。前出の番組においても、大宜味村渡野喜屋での敗残兵による避難民虐殺で夫を惨殺された妻とその息子（当時 8 歳）が戦後、精神を病み、治癒することなく今日にいたっていることが紹介されていた。この問題についての組織的研究はほとんど無いが、60 年代の調査では、沖縄戦当時 10 〜 20 歳代の年齢層にとりわけ精神障害の罹患者が多かったという（保坂, 2002）。間宮（2004）が児童虐待の被害女性の言葉として紹介したように「過去が私を苦しめる」という性質の暴力が存在するのである。

　こうした形の直接的暴力は忘却・無関心化という文化的暴力の存在によって、繰り返し持続・強化されている。例えば、2005 年、東京のある私立高校の入試問題（英語）において、元ひめゆり学徒の証言について "it was boring for me and I got tired of her story." という記述を含む読解問題が出題さ

れたことが報道され（沖縄タイムス　2005年6月9日他）広範な沖縄県民に多大な衝撃を与えた(3)。当事者である元ひめゆり学徒たちは「今の人が戦争と体験者の証言をこの程度しか考えないとは非常に怖い」ときびしい表情で語った。さらに、30歳代の沖縄の女性の「生まれて初めて怒りで吐き気がした。悔しくて悔しくて涙があふれた」「戦争体験など昔のことで、しかも人ごと、という感覚の人が多いことが恐ろしい。子供たちがそんな未来に生きていかなければならないのかと思うとやりきれない」という投書（沖縄タイムス　2005年6月29日）に見られるように、非体験世代をも傷つけていたのである。

この事件を通じて引き出された沖縄県民の怒りや無力感といった感情は、沖縄─本土関係に潜む構造的・文化的暴力の存在を傍証するものとして受け止めるべきであろう。この点は、大田（1969）、目取真（2005）、野村（2005）ら沖縄の言論人が指摘する「無意識の植民地主義」の問題と関わっており、平和心理学的にとっても重要な課題である。

沖縄歴史教育研究会・高教組が2005年5月中旬に実施した平和教育アンケート調査（回答者：県内高校2年生2270人）の結果によると、「今年は沖縄戦が終わって何年になるか」の問いへの正答率は55.6%、「『慰霊の日』は何をもとに決められていますか」の問いに「牛島司令官が自決」と正答した生徒は29.5%にとどまった。また、沖縄県内にも当時130ヵ所を数える慰安所に存在した「従軍慰安婦」についても、「性の相手をさせられた女性」と正確な選択肢を選んだ生徒は28.8%と少なかった（琉球新報，2005年6月12日他）。これらの結果は、県土丸ごと戦場となり、ほとんどの県民が犠牲者を身内にかかえる沖縄社会においてですら、体験世代から子・孫の世代へと移るにつれて、沖縄戦の社会的記憶の忘却が加速していることを示すものといえよう。

これらの現象の背景には、従軍慰安婦等の教科書の記述内容・カリキュラムに対する学習指導要領を通じた規制という教育システム上のゆがみ＝構造

的暴力が存在する。さらに、それを支えるのものとして、日本のアジアへの加害性、本土の沖縄への加害性を覆い隠し、正当化を図ろうとする歴史修正主義という文化的暴力が存在するといえよう。

　ここまで、沖縄にはたらく暴力の諸相を平和心理学的に考察してきた。沖縄社会においては、こうした過去や現在の暴力と対峙しながら、平和を創り出す営みが60年以上粘り強く続けられてきた。その過程では戦争遺跡、学習施設、見学・学習プログラム、文化・芸術作品、人（証言者・語り部）、組織、活動、価値観といった平和資源[4]がきわめて多様に生み出され、引き継がれてきた。その平和資源を見出し、創り出し、守り育てていくことの重要性も社会的に共有されている。その意味で、沖縄を「平和の文化」[5]の社会ということができる。
　次節では、沖縄の「平和の文化」の重要なアクターである平和ガイド活動について、考察していく。

3　沖縄・平和ガイドの特質

(1) 沖縄・平和ガイドの歴史的特質

　沖縄の平和ガイドは、「沖縄を訪れる修学旅行生などに沖縄戦の実相を伝える草の根の戦跡案内人」として沖縄社会において認知されている存在である（琉球新報社, 2003）。
　そのルーツは1972年の本土復帰前後にさかのぼることができる。復帰直後の沖縄観光は「慰霊観光」としてスタートし、全国から訪れる戦没将兵の遺族に語る観光バスガイドのシナリオは軍人賛美・戦場美談的なものにならざるをえない歴史的な経緯があった。しかし、軍隊・軍人の視点から語られる沖縄戦は、戦場をくぐり抜けた民衆の思いからも、戦争の実相からもかけ

離れたものであった。沖縄戦がそのような戦記・戦史として国民の記憶となっていくことは、沖縄にとって耐え難いものであった。

　こうしたガイドの在り方を変える動きが70年代に沖縄戦体験世代の研究者・歴史教育者たちを中心に起こされた。例えば、復帰直後の1974年の全国歴教協沖縄大会に全国の歴史教育者・研究者が訪れる際に案内役を務めた『沖縄県史　沖縄戦記録』の編集にたずさわった人々である。そうした人々に対しては、「反戦ガイド」「戦跡基地案内人」等の名称が使われたこともあった。その流れは86年「沖縄平和ガイドの会」に引き継がれ、94年には再編されて「沖縄平和ネットワーク」が発足し、多くの平和ガイドを組織・輩出してきた（宇根，2003；大城，2005）。こうした過程で、今日「平和ガイド」（まれに「平和学習ガイド」）の名称で社会的認知を獲得している。

　この歴史的過程を見ると、平和ガイドが観光ガイドのような案内人ではなく、沖縄戦や米軍基地の実相や意義を調査・研究する研究者、本土の人間に伝わりにくい沖縄の実態と思いを伝えるメッセンジャー的役割を担ってきたことがわかる。

(2) 平和ガイドの多様化

　沖縄・平和ガイドは、上述のように、当初、主に体験世代の沖縄戦研究者や教師によって担われていた。元ひめゆり学徒の「証言員」のように、戦争体験者自身の中で、体験を語り案内人を務めるケースも生まれた。もっとも、年間500万人を越える沖縄旅行者に対して、ひめゆりの塔等において沖縄戦の体験を伝える主体の圧倒的な部分は、観光バスガイドによって担われていた。

　しかし、92年度から関東地方の公立高校で修学旅行に航空機の使用が認められるという状況変化も手伝って、90年代を通じて高校の訪県が増加し、今日では約1000校20万人のレベルに達している。この変化は単なる量的拡大ではなく、平和学習プログラムを要する旅行の増加を意味する。とりわけ、

95年の少女暴行事件、普天間基地の辺野古への移設強行、沖縄国際大学への米軍ヘリの墜落事故等が示した基地問題の矛盾によって、平和学習としての修学旅行への需要が高まった（沖縄タイムス 1997年1月5日朝刊，同1997年3月15日夕刊，同2005年9月22日朝刊）。こうした社会的要請をひとつの要因として、次に掲げるような多様なアクターが生み出されてきた。

A. 学生ガイド

　沖縄において近年注目されるのは、琉球大学学生を中心とする学生平和ガイドの活動である。この活動は、1997年度から首都圏高校生の修学旅行に対するガイドプロジェクトとしてスタートし、2000年度からは文科省助成のフレンドシップ事業として展開された。琉大の、「沖縄の基地と戦跡Ⅰ・Ⅱ」「平和と地域」の授業受講者の有志を中心に、座学・フィールド学習を重ねた上で、実際に高校生へのガイド活動を行ってきている。近年はガイド対象（依頼者）が、中学生・大学生・留学生・社会人・海外からの見学者へと広がっている。

　その活動の様子を二人の学生ガイド経験者の言葉で紹介する。まず、4年間学生ガイドを経験した北上田源氏は、その活動の経験を「僕を動かしたいくつかの言葉―学生平和ガイドを通して」という文章にまとめている。

　　京都から沖縄にきて今年で5年目、修学旅行生の平和学習をサポートする平和ガイドをはじめて、もうすぐ丸4年になる。高校時代は部活に没頭し日本史の授業も受けず理系の学部に入学したはずの僕がここで平和ガイドを続けているのは、そこにたくさんの出会いがあったからだ。活動を通して出会った様々な人たちと交わした言葉は、「沖縄」と呼ばれるものに色をつけ、自分の輪郭を見つめなおすきっかけとなった。これまでに沖縄で出会った人や言葉は、そのまま僕にとっての沖縄そのものであったような気がする。沖縄に来て偶然聞いた戦争体験者の話は僕にとっては衝撃的だった。それまで教科書の中でしか知らなかった沖縄戦

が体験者の話を直接聞くことにより、非常に生々しく、人間くさいものに変わった。目の前で体験を語る体験者の言葉は多くなかったが、涙を流しながら話をされるその姿が多くを物語っていた。「無言という言葉」それが僕と沖縄戦を結びつけることになった。そこで沖縄戦に興味を持つようになり、琉球大学の学生達とともに平和ガイドを始めた。最初のころは周りからも期待されていい気分になっていたが、修学旅行で出会ったある高校生から言われた言葉がそんな僕を打ち砕いた。「それで、結局戦争って何がダメなんですか？」その質問に僕は何も答えられなかった。ガイドブックを丸暗記して、自分の言葉で話していなかった僕は平和ガイドを演じていたのかもしれない。

そんな僕にさらに追い討ちをかけたのは、9・11以後にある人に言われたこんな言葉だった。「戦争がやめられないのだったら平和ガイドをなんかやっていても意味ないのじゃないの？」目の前で起こっていく戦争、しかもそれが堂々と「平和のため」という名目で行われていく。「平和ガイド」をしているのに、平和の意味もわからず、何もできない自分に気づかされた。「平和が大切」「戦争はよくない」と言うだけならそれほど難しくない。だが、それだけでは何も始まらない。平和って何や？沖縄戦って何やったんや？…誰も答えを持っていない問いを修学旅行生にぶつけてみて、一緒に調べ、一緒に考えてみる。試行錯誤を経て「よくわからん平和とか戦争とかについてみんなで一緒に考えてみるためのガイド」略して「平和ガイド」が今の僕にできることだとおもえるようになった。戦争体験のない僕が平和ガイドをやっているといろいろな反応がある。修学旅行の後に送られてくる文集の中に引率教員の感想として「ガイドに若い青年で重みに欠けた」と書かれたこともある。しかし、同じ文集の生徒の感想には「平和ガイドの人も若かったし、私たちも何かができるかもしれない」とあった。今、平和ガイドをしていて一番楽しいのは、僕の言葉が誰かを動かすのがわかる、そんな瞬間だ。話すことは楽なことではないし、責任も重い。それでも沖縄には僕を動かす言葉があり、僕の言葉がまた誰かを動かす。そんな場にもう少しこだわってみようかと思う。

(石原他，2005)

次に、琉球大学の学生と共に日常学習やフィールドガイドを行うようになった隣接の沖縄国際大学の学生・伊佐真一朗氏は、その活動について、「これが僕の伝え方」という文章の中で次のように述べている。

　戦後60年を迎え、体験者や証言者が高齢となる中、どのように先の大戦は語られ、伝えられていくのだろうか。沖縄には、体験者たちの年代からは孫やひ孫に当たる、二十歳の平和学習ガイド・伊佐真一朗さんがいる。「一年半前から、主に県外からの修学旅行生を対象に平和学習ガイドをしています」ゆったりとした口調の伊佐さんは、沖縄国際大学・総合文学部の三年生。沖縄戦と戦後史を専門に学んでいる。幼いころから生まれ島の文化や歴史に興味を持ち、小学生になると近所のおじさんに連れられ慰霊の日には魂魄の塔を訪れた。手を合わせる人々の姿や一フィートフィルムの映像を今も忘れることができないと話す。平和行進への参加、基地に隣接する中学への通学を経て、大学１年生のころ、平和イベントで全国から集まった同世代の若者を案内したことがガイドになるきっかけとなった。ガイドでは、県外からの修学旅行生が集中する十月から三月まで連日予定が埋まる週もあるという。「いろいろな学校からいろいろな生徒が来る。それぞれの子たちにどれだけ興味を持って聞かせることが出来るか。ガマの中で、明かりを消して静かにしてみたり、その場で手をつないで座ってみたり、"体感させる"ようにしています」。日々の学習を通して、自ら感じたこともガイドに役立てている―と伊佐さん。「真っ暗なガマは怖いけれども、はたして戦中はどうだったのだろう？弾丸が雨のように降る外に対して、ガマの中は屋根もあって、静かで、人が集まっている…。今の怖いと、当時の怖いにはギャップがあると思いませんか？こうしていろんな方向にイメージを膨らませ、体験していなくても当時の様子に近づいてもらいたいんです」。先日、ガマの調査で初めて遺骨に触れた。「人の骨を持ったとき、不思議な感覚を覚えました。この人って誰だろう？顔も名前もわからない、でも生きていた。この体の一部が記憶しているであろう人生を勝手に想像してみた。家族が本土で待っていたかもしれない。もし新

婚だったら、まだ見ぬ子が待っていたかも。戦争で勝っても負けても、早く帰りたいって気持ちがあったかもしれない。でもここに遺骨があるということは帰れなかった。この人はどんな気持ちなんだろう…と。この人と自分を照らし合わせた時、無駄な生き方は彼に申し訳ないと思いました」この体験が、"どれだけ興味を持って聞かせるか"という模索への一つの答えとなった。「戦争と平和を結びつける何かが一つでもないと、平和学習は成り立たないと思う。その手がかりとなるのはそれぞれの生き方ではないだろうか。僕の話を聞いた後は自由に考えてほしい」

"ガイドは常に大学で勉強"と話す一方で、「勉強をして分かったことや、発見を発表できるので楽しい」と新世代らしい言葉でやりがいを表現する。今後どのように沖縄戦は語られていくと思うか尋ねると、「体験者は少なくなるけれど、戦跡や遺品は消えない。それを使った伝え方があると思います。普通の人の中に戦争があったんだから、沖縄のどこにいても戦争を学ぶことはできる。住んでいる場所で自分との共通点を見つけ、一緒に感じてもらいたいです」と語ってくれた。　　　　　　　　　　（『週刊レキオ』2005年6月23日号，扉のページ）

　以上のほかに、大学のゼミナール学習の一環としてガイドを行う学生、沖縄国際大学の平和学習サークル「スマイライフ」、琉球大学の学生が起業した「株式会社がちゅん」、大学生協学生委員会の平和学習プログラム「PEACE NOW !」を企画・運営する学生や、学外の「沖縄平和ネットワーク」などで活動する学生が、複数の大学に存在する。

B. 自治体・公的機関

　戦跡・基地を抱える自治体が、平和行政として、自治体予算によって、市職員によるガイドを行ったり、ボランティア養成講座を開催したりする例がある。歴史・文化・自然を含む観光ガイドの一領域という性格を有する事も多い。現在確認できるのは、那覇市（那覇市修学旅行平和学習ガイド）、浦添市

（うらおそい歴史ガイド友の会）、沖縄市（市民平和ガイド）、糸満市（糸満市観光市民ガイド「友の会」）などである。

　県の外郭団体である沖縄観光コンベンションビューローでは、90年代から文化・自然・平和など多様なボランティアガイド養成を続け、「沖縄県観光ボランティアガイド友の会」として運営されている。また、県としては、2005年には、県の平和祈念資料館でも平和ガイドのボランティア養成講座を行った。

　　　亜熱帯の豊かな自然、独特の歴史と文化に触れ、沖縄戦跡で平和学習も―。本土から沖縄への修学旅行が増えている。昨年は沖縄の基地問題がクローズアップされたこともあり、今後さらに増える見通しで、県は年明けから戦跡などを案内する「平和ガイド」の養成講座を始めるなど、受け入れ態勢の整備も進んでいる。県の外郭団体、沖縄観光コンベンションビューローによると、沖縄への修学旅行は、十年ほど前は年間三百校ほどだったが、一九九五年度は八百七十八校と約三倍に増えた。公立学校で禁止されていた航空機利用を解禁する自治体が増えたためで、沖縄が近くなり関東や関西から訪れる学校も多い。ピークは十月から十二月だ。十二月中旬、静岡県の常葉学園高校の二年生が沖縄を訪れた。十三年前から毎年来ているという。引率の佐野誠教諭は「戦跡以外にもすばらしい自然や文化がありますから。（戦跡では）若い世代に戦争の悲惨さを知ってほしい」と話した。「平和ガイド」は民間団体などに頼っているのが現状だが、県の養成講座では大学教授らが約二ヵ月、歴史や文化、観光などの講習を行い、修了者に資格を与える計画だ。　　　　　　　　（沖縄タイムス　1997年1月5日朝刊）

C. 地域住民ボランティア

　戦跡や米軍基地を抱える地域の住民自身が、戦跡を発掘・保存したり、体験の証言を行ったり、基地を案内するケースも徐々に増えている。読谷村の住民が「集団自決」現場のチビチリガマの体験を伝えたり、玉城村前川の住

民が地元の「民間防空壕」群の案内をしたりする例がある。謝花（2005）の記事を紹介する。

　穏やかな農村地帯の玉城村前川、集落から百メートルほどの離れた断がい。下って行くと、がけの中腹のそこここに、ぽっかりと穴が開いている。約一キロにわたり五十九ヵ所。石灰岩を掘ったこの壕は「前川民間防空壕群」と呼ばれる。沖縄戦当時、前川集落の住民が避難した。一九四五年五月三十日、米軍の攻撃が迫った時、ある者は南へ逃れ、ある者は残った。歩けないから、生まれ島で死にたいから─と。米軍の捕虜になれば斬殺される。あらかじめ日本軍によってたたき込まれた恐怖、そして軍によって渡されていた「自決」用手りゅう弾が、壕内で次々とさく裂した。六ヵ所の壕で、二十人余が「集団自決」の犠牲になった。壕の存在自体、体験者以外に、長らく知られることはなかった。まして、そこで「集団自決」があったことを語ることは、共同体でタブーとなっていた。近年、平和学習を支援する沖縄平和ネットワークによる調査で、戦時の壕の状況が明らかになるにつれて、体験者も重い口を開き始めた。玉城村文化財保護委員会会長で、前川に住む中村康雄さん（75）は、三年前から、民間防空壕群を利用した平和学習に積極的に取り組んでいる。防空壕が掘り始められたのは四四年の10・10空襲以降。空襲で那覇を焼け出された同集落出身の男性が集落に戻り、雄樋川近くのがけに壕を掘り始めた。「行政が防空壕を造れという指示で、各家庭は、庭先に簡単な防空壕を掘っていた。男性は、そんな壕ではだめだと言っていた」在郷軍人だった男性が掘り始めると、つられるようにほかの住民も掘った。「三、四世帯が一グループで掘った。私の家庭は、徴用に取られた私の代わりに、男勝りの母が掘っていた」。当時の集落百七十四戸のうち、八割の家庭が断がいに防空壕を造った、という。住民が家財道具を持って防空壕に本格的に移動したのは、三月二十三日。大規模な空襲の後だった。

　　　　　　　　　　　　　（沖縄タイムス　2005年6月19日朝刊）

D. 観光産業関係

　平和ガイドはボランティア・ベースの活動であるが、観光バスガイドやタクシー乗務員の中に、個人的・自主的に研修を重ねて戦跡・基地の案内を積極的に行っている人々がいる。また、ペンション・民宿等の宿泊施設において、戦跡ツアープログラムを用意しているところもある。観光バスガイドの例として次のような報道がされている。

　　沖縄戦で女子学徒だった語り部に共感した静岡県出身の女性が沖縄戦の実相を伝え観光バスガイドになるため沖縄に移住し、バス会社で研修に励んでいる。平和を訴えるバスガイドを目指しているのは青木郁美さん（18）。三月の高校卒業後、沖縄で一人暮らしを始め、沖縄市の中部観光バスに入社した。きっかけは昨年の修学旅行で聞いた元ずいせん学徒の宮城巳知子さん（80）の戦争体験だった。「沖縄でこんなにひどい戦争があったなんて知らなかった。体験者から生々しい話を聞き、戦争をしてはいけないと強く思った」と話す。地元での就職も考えたが、沖縄の平和ガイドとなることを決意。学校の図書室で再び宮城さんの著書と出会い、本人に手紙を出し、宮城さんとの文通が始まった。宮城さんは「これまで多くの修学旅行生に戦争体験の話をしたが、行動を起こした子は初めてだ」と驚いている。青木さんは「研修では覚えることがいっぱいあって大変だけど、やる気はあるので大丈夫」と、十月のバスガイドとしてのデビューに意欲を見せる。「今は沖縄のすべてに興味がある。歴史や文化のことを勉強し、観光で訪れる人に教えてあげたい」と夢を膨らませる。研修で指導する山城明美指導課長は「県外からガイドを採用するのは初めて。沖縄の人になろうとせず、感受性の強い彼女の個性を生かしてほしい」と話した。宮城さんは「彼女の奮闘が沖縄の若い人たちにも影響を与えてくれれば」と期待した。

　　　　　　　　　　　　　　　（沖縄タイムス　2005年4月19日夕刊）

　タクシー運転手の活動として「個人タクシー若夏会」がある。沖縄の個人

タクシーの仲間たちで作る自主運営組織で、業務活動は一般的観光や送迎・修学旅行や団体などのタクシー行動・そして平和学習対応の手伝いをおこなっている。同会では定期学習会（フィールドワーク）を97年から開催し、個人タクシー乗務員の受講者は400人を超えているという。希望者を募り、実践では各乗務員が少人数単位の平和ガイド活動を担当している。団体の場合はポイントガイド・一日バス乗車ガイドの派遣（ガマ・戦跡、米軍基地）などを実施している（上原, 2004）。

(3) 平和ガイドの活動内容と特質

　平和ガイドは多岐にわたる知識と技能が必要とされる活動である。戦跡・基地の現地案内・解説者であるだけでなく、ルートのプランニング、資料・教材作成、平和資源（人・物・場所）の調査・発掘、交渉・調整、事前・事後学習支援等、スタディー・ツアーを充実させるために必要なあらゆる活動を含む。現地の空間に点在・併存するさまざまな平和資源を平和学習の文脈で組織していくという意味において「平和学習コーディネーター」という位置づけも可能である。実際の活動内容には個人や所属団体、ケースによる差が大きいが、おおむね次に示すような要素を含んでいるといえよう。

A. プランニング

　主催者・引率者からの依頼を受けてフィールドワーク原案を作成・提案する。学習テーマ配置（学習目標の構造化）・空間配置（地理的分布・移動経路）・時間配置（タイムスケジュール）を総合的に考慮して具体的なプランニングをするスキル。利用可能な平和資源（基地・戦跡・遺品・証言者・専門家・資料等）についての知識が必要。さまざまな目的・条件の想定の下に、複数のプラン選択肢の準備が必要となる。

B. コンサルテーション

　主催者・引率者の側にプラン原案がある場合も多いため、学習要求・目標

を踏まえ、現地情報を提供しながらコミュニケーションをとり、有効なプランに練り上げる援助をする。

C. 交渉・調整

プランに基づいて人的資源（体験者、組織・団体）と連絡をとり、依頼者の要求と現地事情を調整し、施設や人とのアポイントメントを正確に取らなければならない。交通・地理事情含めた現地条件についての詳細な知識、変化する時間・天候条件や不測の事態に即応する柔軟性、判断力、決断力も必要とされる。

D. 資料・情報収集とガイド資料作成

当日のガイドに適合した資料を収集し、利用しやすい形で提供する。既成の物が入手できない、あるいは、存在しない場合は自作する。

E. 教育

対象校や現地宿舎に出向き、事前・事後学習の講師を務める。指導案や教材の作成、学習意欲を引き出す基本的な教授スキルが要請される。

F. 実地踏査

事前にプランのルートを実際にたどり、見学順序・利用道路・所要時間の適否等を具体的に確認することが必要である。

G. ガイド

バスやタクシーに添乗・随行するケースと、特定ポイントのみ担当するケースとがあるが、当日、現地において戦跡や基地等について、適切な時間と方法で解説する。学習者の特性に応じて使い分けられる話術や学習スキル等、限られた時間と条件で実施される現地学習を効果的なものにしていく多様な力が必要とされる。

H. 日常的研修・研究

日常的な研鑽として、沖縄戦研究、基地問題研究、平和研究、運動の最新成果に関心を持ち、集団学習や独習によって吸収していくことが要請される。独自の研究テーマ・ガイド方法論を持つことも重要である。また、対象集団

によって意欲・関心・知識のレベルが多様化しているため、発問法や、参加型・双方向型の学習スタイルについての研究とトレーニングが必要とされるようになりつつある。

　以上を別な面から見るならば、平和ガイド活動には平和運動的側面、平和教育的側面、平和研究的側面があり、それぞれ、平和活動家、教師、研究者に近い特質を有するということができよう。そして、旅行者の旅を安全で思い出深いものするという意味においては、ツアーコンダクターや観光ガイドと重なる要素もある。実際のガイドの担い手は、これらのいずれかの側面を基盤にして、そこに魅力を感じながら行っているのが実情であり、多様性についてはガイドの個性として尊重されるべきであろう。

4　平和ガイドについての平和心理学的考察

　上述のような歴史的特質をもち、社会的役割を高めている沖縄の平和ガイドであるが、ここでは、その平和心理学的意義を考察する。

（1）ピース・ワーカーとしての平和ガイド

　多数の平和ガイドを組織・養成してきた沖縄平和ネットワーク（2005）では、平和ガイドについて「平和学習のために沖縄を訪れる人たちや県内の小中高校生たちと、戦跡や米軍基地を歩き、戦争の実相や沖縄が抱えている問題を伝え平和について一緒に考え」る人であるとするとともに、「戦争の被害者にも加害者にもならないと決意した戦後日本で、平和の創造に努力し、行動していく人々はすべて平和ガイドです」と述べている。
　前半部分においては、平和ガイドの本質的要素として「歩く」「伝える」「考える」という行動が挙げられているが、これは、前述の平和ガイドの活動内容をより端的に表現しているということができる。この平和ガイド観は、

前出3（2）Aの引用において、「平和って何や？沖縄戦って何やったんや？…誰も答えを持っていない問いを修学旅行生にぶつけてみて、一緒に調べ、一緒に考えてみる。（中略）『よくわからん平和とか戦争とかについてみんなで一緒に考えてみるためのガイド』」と表現した北上田（2005）の経験を通じた規定や、「僕の話を聞いた後は自由に考えてほしい」という伊佐（2005）の発言にも表れているといえよう。

次に、平和ネットワークによる規定の後半においては、その枠組みを一段と広げて、平和創造の行動者すべてを平和ガイドとしている。この規定の仕方は、平和ガイドの概念をあいまいにさせる側面を持つが、その一方で、ガルトゥングの重視する「ピース・ワーカー」の概念に近づくものである。藤田（2003）によれば、ピース・ワーカーとは「あらゆる種類の暴力に満ちた世界のありように、人間としての〈責任〉を感じ、暴力をなくすために意識的に努力する存在」である。

平和ガイド活動に入っていく動機は様々であるが、自らが沖縄戦や基地問題について学び、発見し、考えた事柄を、他者に伝えなければならないという思いに突き動かされることが多い。例えば、沖縄に生まれ育った伊佐（前出）の場合、幼少時から慰霊の日に魂魄の塔を訪れ、手を合わせる人々の姿や沖縄戦の「一フィートフィルム」の映像に強い印象を受け、また、平和行進への参加、米軍機が上空を飛び交う中学への通学経験が、大学での他県の学生へのガイドの背景になっている。本土から沖縄の大学に進学した北上田（前出）の場合、「目の前で体験を語る体験者の言葉は多くなかったが、涙を流しながら話をされるその姿が多くを物語っていた」という衝撃が、出発点であった。いずれも、圧倒的な暴力にさらされる人間の姿を目の当たりにして生じた衝撃、怒り、疑問などがガイド活動の内発的動機づけとなっていると見ることができる。

人によっては、同様の契機によって反戦・反基地の直接的行動や、被害者支援活動に動機づけられる場合もあり、それもピース・ワーカーの範疇に入

るであろう。他方、平和ガイドのように他者とそのことを共有するという行為を通じて、自分、他者、状況を変えていくアプローチもピース・ワーカーとしての活動とみなすことができよう。

そして、平和ガイドが、暴力をなくすための行動を起こしていくピース・ワーカーであると規定するならば、平和心理学的に重要な意義を見出すことができる。すなわち、本論の前半において整理したように、沖縄にはたらく暴力の構造を分析し、平和の三角形へと転換する働きかけの道筋を対象者とともに考えていく使命・課題が浮かび上がる。それは、沖縄における暴力─平和のプロセスを具体的に丁寧に考えることを通じて、沖縄と本土、日本とアメリカ・アジア関係における暴力性と平和への転換を考えるための、より普遍化された視点や枠組みを発見することである。

そのためには、沖縄「は」かわいそう、沖縄「が」問題だ、沖縄「を」どうにかしなくては、というように、沖縄を特殊化し、客体化する方向性ではなく、平和という課題を共有する「並び合う関係性」、すなわち三者関係（中川，1999）をガイドプロセスにおいて作り出す必要がある。例えばそれは、前出の表現でいうならば、「平和って何や？」という学生ガイドの問いかけに象徴されるものであろう。実際、そのガイドを受けた高校生たちは、「『平和って何やねん？』を聞いて、私は戦争って聞くと日本は被害者なんだという意識が高かったけれど、アメリカと戦争する前は日本もいろいろな国に被害を与えたりしてたし今もイラクの戦争の問題があると思います。平和とは、ただ戦争をやめることだけじゃなくてもっと深い何かがあるんじゃないかなぁとあの一言で考えさせられました」「これからは北上田さんが言うように、一歩前進して、みんなが平和になる為にはどうしたらいいのか、何ができるのかを少しずつ考えて、自分たちにできる限り実践していくようにします」というように思考を深めている（高嶋，2004）。

ここでは、ガイドと高校生が「並び合い」ながら、沖縄という素材を通して平和に向き合う関係が作り出されているといえよう。

(2) 平和意識の発達と平和ガイドの成長

　伊藤（2002）が紹介する平和意識の発達の6段階（Adams, 1987）論では、ガンジーやキングといった歴史上のピース・ワーカーたちが、第1段階：価値観と問題意識、第2段階：怒り、第3段階：行動、第4段階：行動化・ネットワークづくり、第5段階：自己肯定 vs 燃え尽き症候群、第6段階：世界と歴史との連帯、という6つの発達課題をくぐって成長していったことが見出されている。平和ガイドが前述のようにピース・ワーカーであるとするならば、同様の課題に直面していくことが予想される。

　ガイドを志す人々はそれぞれ異なる経緯を有するが、前項のように、いのちや尊厳が侵害される直接・間接の体験（暴力）を経て平和の価値に目覚め、憤りを感じて、なんらかの行動を起こしたいというモチベーションを得た人も多いはずである（第1～3段階）。さらに平和ガイドとしての活動は第4～6段階とも対応している。彼らはさまざまな人々とネットワークを結ぶ必要に迫られるが、その中で自己が必要とされ受け止められる体験をするであろう。しかし、その充実感は燃え尽きの危険と表裏の関係にある。ガイドの活動は、先行世代、同世代、沖縄県内・外、さらに世界各地の民衆の平和活動と結びついていく可能性を秘めているし、そうあるべきであろう。例えば、北上田（前出）のように、「目の前で起こっていく戦争、しかもそれが堂々と『平和のため』という名目で行われていく。『平和ガイド』をしているのに、平和の意味もわからず、何もできない自分」に直面して立ち止まる経験は多くの人がくぐるものであろう。しかし、「今、平和ガイドをしていて一番楽しいのは、僕の言葉が誰かを動かすのがわかる、そんな瞬間だ。話すことは楽なことではないし、責任も重い。それでも沖縄には僕を動かす言葉があり、僕の言葉がまた誰かを動かす」という自らの歴史的・社会的諸関係の中の位置に気づくとき、「そんな場にもう少しこだわってみようかと思う」という意欲が生み出されていることは注目に値する。

現在、辺野古の海上基地建設問題をはじめとする米軍基地問題に関わって、沖縄を訪れる県外や国外の平和活動家が増加しているが、そうした人々をガイドする機会も増えている状況にあっては、第6段階までを展望した活動はなおさら意識的に追究すべき課題といえよう。

(3) 媒介者としての平和ガイド

平和ガイドが関わるのは、歴史の現場を共に歩きながら、学習者（旅行者）と平和資源との出会いと関わりを媒介するプロセスである。これは、時間的・空間的に分離・隔絶した要素を媒介し、接続することによって新たな学びのコミュニティーを形成する作業ともいえる。

そのことを、著者は平和ガイドを続ける3つの世代の発言に接する中で感じ取ることができた。あるフィールドワーク[6]において、十五年戦争開始の年にサイパンで生まれ、戦後沖縄で反戦地主として生きてきた有銘政夫氏は「戦争体験は共有すべき大事な財産であり、あの世に持って行くものではない。しかし、語り継ぐからぜひ語って欲しいと言うことでしか語り出せない」と、同世代の使命と、後継世代の役割について語った。また、別の機会[7]であるが、終戦直後に生まれ、座間味村の「集団自決」事件の真相を調査し続ける宮城晴美氏は、「私たちの世代は、周りには心にも身体にも傷を負った戦争体験者がたくさんいました。また、自身が米軍の配給で食料を維持してきたし、米軍犯罪もありました。戦後体験としての戦争の証言は十分可能です」と、定年を間近に控えた非体験第一世代の役割の重要性を指摘した。そして、平和ガイドやひめゆり体験の継承活動に精力的に取り組んでいる大学生の伊佐真一朗氏（前出）は、「今でも自殺に追い込まれたり、生き方を見失ったりという人たちがいます。その一方であのような辛い体験をしながらもそれを語って生きている人たちもいます。生きるとはどういうことかを考えたいのです」と、戦争体験を学ぶ意味について語った[8]。

以上は、異なる場面での言葉であるが、歴史を忘れ、歪め、憲法の平和主

義を否定しようとする動きが急な今日の日本において、平和の価値、それを支える憲法の価値を再認識するためには、体験世代とその子、その孫の世代が、互いに思いを通わせる活動がとりわけ重要な意味を持つと考えられる。すなわち、沖縄地上戦の体験世代および米国占領体験世代と非体験世代、さらにまた、沖縄・本土・世界の人々を接続する場面をつくることが平和ガイドの重要な機能であり、そのことによって、平和を学ぶコミュニティーが形成され、その中で共感と創造性が引き出されて平和への行動がエンカレッジされる。反対に、これらが断絶するならば、戦争への批判力・抵抗力が失われるであろう。

　平和ガイドの媒介機能は、新たな共同の学びのコミュニティーを創出することによって、伝え手、受け手、繋ぎ手それぞれの平和へのモチベーションとスキルを引き出す重要な要素として注目する必要がある。

(4) ロールモデルとしての平和ガイド

　ここでは、平和ガイドが、とりわけ若い学習者にとって、平和のロールモデルとしての意味を持ちうる点に着目したい。

　ロールモデルとは、一般に、行動する際の目標・手本となる対象のことである。近年、例えば、男性社会の中で働く女性、人生経験に乏しい子ども・若者、よりよい生活を開拓したい障害者、新しい職業分野への挑戦者といった人々を援助・サポートしていく際の鍵として注目される存在である。より一般化するならば、社会的弱者・少数者の地位にある人々や未開拓領域への挑戦者が、困難な現状を切り開いていこうとする時に、目標、行動スキルのヒントを提供し、行動への動機づけを与えてくれる現実の人物（もしくは集団・組織）のことである。

　さて、平和活動が、戦争・基地を含むさまざまな暴力に立ち向かい、その状況を転換していくという困難な課題を遂行するものであってみれば、ここでもロールモデルが必要とされることは明らかである。それが平和のロール

モデルであり、ユネスコの平和学習においても重要な位置づけを与えられている [9]。戦争・暴力を無くしていきたい、いくべきという思いがあっても、多大な自己犠牲が予想されたり、意見表明の方法を知らなかったりすれば、社会的行動を起こすことは困難である。この「思いを行動につなぐ」役割を果たす存在が平和のロールモデルであり、平和心理学の実践的なトピックとして杉田（2001）が強調している。

沖縄社会には、沖縄戦の忘却との闘い、戦後の土地闘争、現在の基地被害との闘いが続く中で、多数の平和のロールモデルが存在する。元学徒や沖縄戦体験者は、証言活動を通じた平和学習支援・平和活動のイメージを、同世代の体験世代や、その後継世代に提供し続けている。故・阿波根昌鴻をはじめとする反戦地主たち、「土地を守る会」といった組織の存在は、さまざまな基地被害に苦しむ住民たちを非暴力直接行動へ動機づけた。

そして、それらの人的資源をロールモデルとしながら県内外の若者に戦跡や基地をガイドしている平和ガイドたちも、また、同世代や中高生にとっての平和のロールモデルとなりうる。暴力と平和という困難な課題について自分の生き方と関わらせて深く学び、考え、伝えるガイドの姿は、中学生や高校生に対して、学ぶ意味や社会との関わり方・生き方についてインスピレーションを与えることがある。修学旅行を企画する本土の高校教師としては「若い世代の、自分たちと年の違わない人たちが、どうその問題に取り組んでいる姿を生徒に感じさせるか」という学習効果を期待し、生徒側も「いとこのおにいさんのような感じ」という親しみやすさを感じつつ、「自分から戦争について学び、戦争のすごさや悲しさを知り、そしてそれに対する自分の意見を持っていてすごい」「真面目に話す顔を見ると自分たちの昔の事は関係ないと思っていたのが、とんでもない間違いだったということに気づくことができた」という刺激を受けている（高嶋，2004）。

さらに、学生平和ガイドのメンバーの中には、高校の沖縄修学旅行で触れた学生ガイドの活動に惹かれて沖縄の大学に進学してきた人もいる。また、

前出3（2）D.で見たように、同じく修学旅行で元学徒の平和ガイドに感銘を受けた静岡の女性が、平和バスガイドになりたいと、沖縄のバス会社に就職するケースも生まれている。

(5) 平和ガイドのエンパワーメント機能

前項のように、平和ガイドが子ども・青年のロールモデルとなっていることを他面から見るならば、若い世代が社会・歴史と関わりながら生きていくための潜在的な諸能力を引き出して開花させるエンパワーメント機能を有しているということでもある。

また、平和ガイドは、日常的に戦争体験者、戦争被害者、基地被害者等と関わりを持ちながら活動しているが、そうした人々に丁寧にアプローチし、体験を受け止めてもらえるという信頼感を築きながら証言の場を設定することができれば、戦争被害者のエンパワーメントにも寄与することがきる。この点について検討してみよう。

例えば、2（3）で紹介した読谷村のチビチリガマの「集団自決」で子どもを亡くした女性のように、医療・福祉に関わる問題が発生しないまでも、当該の戦争体験自体とそれを隠しているという二重の罪悪感を抑圧しながら生活を送ることによる心理的負担を抱える人々も少なくない。そのことにより、幸福感の喪失、感情の麻痺、建設的な未来像の喪失等PTSD的な症状が見られることもある。こうした状態からの回復のためには、同じことが二度と起こりえない環境が確保されること、その上でもう一度その出来事を想起し、死を悼むこと、そのことを踏まえて社会的関係（人間関係）を新たに結び直す、というプロセスが必要となる（Herman, 1992）。

こうした人々に対する心理学的援助としては、マクロ・カウンセリングをあげることができる。これは、社会的な課題と個人への援助活動を統合する体系である。その活動内容として、個別カウンセリング／心理療法／援助ネットワークの促進／専門家の組織化／クライエントグループ活動の組織／人

間関係への仲介・媒介／福祉援助／情報提供・助言／専門家への援助／クライエントの代弁・権利擁護／社会変革／危機的状況への介入／当事者の関係調整／心理教育と、多様な役割が提起されている（井上，2004）。

　仮にマクロ・カウンセリングのカウンセラーであれば、前述の多様な機能を、一人で、あるはチームで分担して駆使しながら、対象者の回復プロセスを援助することになるであろう。例えば、相談室や心療内科において、精神的自覚症状を訴えるその人に、個別にカウンセリングや心理療法で対応するかもしれない。また、その症状の主たる原因に前述のような罪悪感がある場合、安心できる関係を家族との間に作りながら、体験を受け止めてもらえる環境を整えることが必要となるかもしれない。あるいは、類似の体験を経て一歩先の段階にある人々とのグループに参加を勧めるということもありうる。生活上の困難があれば介護・福祉システムを利用できる援助を行う。あるいは、必要に応じて支援制度を新設したり、「集団自決」への歪んだ評価を是正するために社会的アクションを行政やマスコミ・NGO を通じて起こしたりしていくことになるかもしれない。

　これらのマクロ・カウンセリング的作業は、心理カウンセラーだけが担うものではなく、むしろ、平和行政、平和教育、平和ガイド等で既に援助的活動を担っている人々との共同において進めることが重要となる。先の読谷村ケースでは、村史編纂室の職員の 14 年にわたる地道な聴き取り活動によって多数の戦時証言が公にされたのであった。ここで、村史編纂にあたった職員たちは、村民どうしの信頼・安心の関係を形成した上で、体験者たちが抑圧してきた自らの体験に向き合い、身内の死を悼み、村史を通じて社会との関係を新たに結び直す過程に付き合ったという意味で、マクロ・カウンセリング的な機能を果たし、戦争被害者のエンパワーメントに関わったと言えよう。

　平和ガイドも、ガイドの活動として、また自己学習として、沖縄戦、戦後闘争、基地問題に関わったさまざまな体験者から証言を聴き取り、また、新

たな証言者の語り出しのプロセスに関わることもありうる。例えば、前出4
(3)で見たように、平和ガイドを組織する「沖縄平和ネットワーク」による
調査によって、戦後タブーとなっていた戦時の壕の状況が明らかにされ、体
験者が重い口を開き始めるようなケースも実際にある。そこでは、平和ネッ
トワークと村民との間に築かれた信頼関係の上に、証言活動が実現し、抑圧
されてきた体験がようやく社会的に共有されるようになった。これは、その
地域にとってのエンパワーメントになっているといえよう。

5　まとめにかえて

　以上、平和心理学の観点から沖縄における平和ガイドの意義について考察
してきた。最後に、そこから導き出される平和ガイド活動発展のための研究
課題を整理してまとめにかえる。
(1) 平和ガイドが、沖縄に関わる暴力の三角形を平和の三角形へと転換する
ピース・ワーカーであるならば、「世界と歴史との連帯」(アダムズの第6段
階)を目指して、成長していくことが要請される。平和と非暴力の文化を実
現する歴史の展開、ならびに日本・世界各地の民衆の反基地・平和運動との
連帯を追求することによってより豊かな活動が展開できるであろう。
(2) 平和ガイドは、沖縄・本土の体験世代と非体験世代の間、および各世代
内をつなぎながら、世代間共同による平和学習をより意識的に組織していく
ことが求められている。
(3) 平和ガイドは、沖縄の社会・歴史に遍在する「平和のロールモデル」に
学びつつ、また自らも後続世代のロールモデルとなることができる。
(4) 平和ガイドは、研究機関、自治体、NGO・平和運動、平和教育といっ
た多様なアクターと共同しながら、平和学習の質を高めていくことができる。
(5) 平和ガイドが、戦跡・基地についての情報を提供するだけでなく、文字
通り「平和」をガイドする存在だとするならば、破壊的過去を克服し、建設

的未来を切り開いていけるという展望・希望を、次代を担う世代の中にいかに育てられるかが問われるであろう。沖縄には長い非暴力の歴史と、厳しい暴力と対峙してきた歴史とがあり、その中で蓄積されてきた平和資源が、日本のどこよりも豊かに存在する。その力を十分に活用し、若い学習者と対話しながら日本の平和・非暴力の未来を展望することによってピース・ワーカーへと接近できるであろう。

以上は、沖縄の平和ガイドについての一考察であるが、今後、広島・長崎・東京・長野・ヨーロッパ等の日本・世界各地の平和ガイドとも比較しながら、平和のアクターとしての特質と可能性をさらに解明していきたい。

付記
本研究は2005年度大東文化大学国内研究員制度の下での研究成果に基づくものである。

註
（1）平和心理学は、平和学（平和研究）における心理学的アプローチと、応用心理学の二重の性格を有すると考えられる。まず、平和心理学は平和研究（平和学）の一分野と見なすことができる。平和研究は、戦争・暴力・紛争の形態・原因・構造、それらの回避・終息・再発防止、更に平和形成に関わる方法論等について、科学的・体系的に解明することを目的としており、学際性、総合性、規範性を特徴とする。平和心理学は、この暴力から平和実現へと至るプロセスにおける心理学的側面を解明する役割を担うものであるといえよう。

他方、平和心理学は、戦争をはじめとする暴力・紛争に関わる人間の行動・心理を解明し、暴力の防止と紛争の転換に寄与することを目的とするという意味で、一種の応用心理学ということができる。社会心理学、臨床心理学、学習心理学、教育心理学、認知心理学、発達心理学、異文化間心理学、コミュニティ心理学等の既存の心理学分野の多くに、有益な知見を見出すことができ（杉田, 2004）、それらを平和心理学の構成要素とみなすこともできる。

しかし、平和心理学固有の対象・分析単位・方法論について広く合意が形成されるにはいたっていない。

（2）アクターはここでは行為主体の意味。アクターという視点からの平和問題へ

のアプローチについては、小柏葉子・松尾雅嗣（2004）に論じられている。
（3）ただし、この英語入試問題の問題文は、全体としては戦争体験の継承の重要性を強調するものであったことは誤解の無いように指摘しておかなければならない。それでも、入試問題として、作成者や出題校の問題認識・感性が、戦争体験の継承という文脈における社会的影響についての配慮を欠いていたことは否めない。
（4）平和資源という用語は一般的ではないが、暴力を防止し、平和を創り出す上で、利用可能な人・物・システム・文化を指す言葉として用いている。
（5）ここでの平和の文化は、ユネスコ・国連が規定する "Culture of Peace" を指している。すなわち、非暴力・対話の方法によって生命・環境・人権を尊重する価値観、態度、行動の伝統や様式、生き方のことである（平和の文化をきずく会，2000）
（6）沖縄平和ネットワーク主催第4回なんくるフィールド塾「復帰前夜の反基地闘争」（2005年8月14日）
（7）沖縄平和ネットワーク・沖縄平和ネットワーク首都圏の会共催『2005年沖縄《戦跡・基地》の旅』における講演会（2005年8月27日、於那覇市沖縄船員会館）
（8）「虹の会」主催フィールドワーク反省会（2005年4月30日）における発言。
（9）デービッド・アダムズ（1991）は、『暴力についてのセビリア声明』を子ども・青年に教える上で、同パンフレットに収録したマーガレット・ミート、マルティンリレーサー・キングjr.、マハトマ・ガンジー、ジグムント・フロイト、アルバート・アインシュタイン等の平和活動をロールモデルとして役立てること、また、教える教師自身が平和のための行動を起こし、そのことを生徒に語ることによって、ロールモデルとなることができると述べている。

文献

Adams, D.（1987）. *Psychology for Peace Activists*. Advocate Press, New Heaven: CT.

Adams, D.（1991）. *The Seville Statement on Violence*. UNESCO.（中川作一（訳），杉田明宏・伊藤武彦（編）（1996）．暴力についてのセビリア声明　平和文化．）

朝日新聞　1995年10月27日社説

朝日新聞　2005年11月16日夕刊　日米首脳記者会見〈要旨〉

Bronfenbrenner, U.B.（1979）. *The ecology of human development*. Cambirdge, Harvard University Press.（磯貝芳郎・福富謙（訳）（1996）．人間発達の生態学　川島書

店．）

藤田明史（2003）．平和とは何か　ヨハン・ガルトゥング、藤田明史（編）ガルトゥング平和学入門　法律文化社，pp.3-16．

Galtung, J.（1996）．*Peace by Peaceful Means: Peace and Conflict, Development and Civilization*. SAGE.

林博史（2001）．沖縄戦と民衆　大月書店．

平和の文化をきずく会（2000）．暴力の文化から平和の文化へ　平和文化．

Herman, J.L.（1992）．*Trauma and Recovery*. Harper Collins Publishers.（中井久夫（訳）（1996）．心的外傷と回復　みすず書房．）

ひめゆり平和祈念資料館（2005）．ひめゆり平和祈念資料館証言員名簿　館報，16，p.11．

保坂廣志（2002）．沖縄戦の心の傷（戦争トラウマ）を超えて　石原昌家他（編）争点・沖縄戦の記憶　社会評論社，pp.341-350．

井上孝代（編）（2004）．共感性を育てるカウンセリング：援助的人間関係の基礎　川島書店．

井上孝代（編）（2005）．コンフリクト転換のカウンセリング：対人的問題解決の基礎　川島書店．

伊佐真一朗（2005）．これが僕の伝え方　週刊レキオ　6月23日号．

伊藤武彦（2002）．平和意識の発達と心理学の課題　和光大学人間関係学部紀要，7（2），95-106．

謝花直美（2005）．「集団自決」を考える（6）沖縄タイムス　2005年6月19日朝刊

北上田源（2005）．僕を動かしたいくつかの言葉：学生平和ガイドを通して　石原昌家他（編）オキナワを平和学する！　法律文化社，p.70．

間宮正幸（2004）．被害と時間　心理科学研究会（編）心理科学への招待　有斐閣，pp.77-87．

目取真俊（2005）．沖縄「戦後」ゼロ年　NHK出版．

本村つる（2004）．館長あいさつ　ひめゆり平和祈念資料館ガイドブック，p.157．

那覇防衛施設局（2005）．良き隣人　入手先：那覇防衛施設局ホームページ業務紹介 <http://www.naha.dfab.dfaa.go.jp/chura/jpn/chura5.html>

中川作一（1999）．自己像と平和：民主主義とファシズムのちがい　心理科学研究会（編）新・かたりあう青年心理学　青木書店．

NHK 2005年6月18日放映　NHKスペシャル　沖縄よみがえる戦場

NHK 沖縄放送局（2000）．"隣人"の素顔　NHK 出版．
野村浩也（2005）．無意識の植民地主義：日本人の米軍基地と沖縄人　御茶の水書房．
小柏葉子・松尾雅嗣（編）（2004）．アクター発の平和学　法律文化社．
沖縄平和ネットワーク（2005）．平和ガイドとは？　入手先：沖縄平和ネットワーク <http://okinawaheiwa.net/>
沖縄タイムス　1997 年 1 月 5 日朝刊　沖縄への修学旅行増える
沖縄タイムス　1997 年 3 月 15 日夕刊　平和ガイド人気上々
沖縄タイムス　2005 年 4 月 19 日夕刊　平和ガイドになります
沖縄タイムス　2005 年 5 月 23 日夕刊　［戦後 60 年］生きる意味考えたい
沖縄タイムス　2005 年 6 月 9 日夕刊　ひめゆりの証言「退屈」
沖縄タイムス　2005 年 6 月 13 日夕刊　住民視点で惨劇知る／島クトゥバで語るシンポ
沖縄タイムス　2005 年 6 月 29 日夕刊　怒りで吐き気／青山学院の入試問題
沖縄タイムス　2005 年 9 月 22 日朝刊　観光客 8 月最高 56 万人
大城将保（2005）．平和ガイドと戦跡保存運動　石原昌家他（編）オキナワを平和学する！　法律文化社，pp.187-189．
大田昌秀（1969）．醜い日本人：日本の沖縄意識　サイマル出版会．
琉球新報　2005 年 6 月 12 日　県内高校生 7 割が「従軍慰安婦」知らず
琉球新報社（2003）．平和ガイド　沖縄コンパクト事典，pp.371-372．
下嶋哲朗（2005）．戦後六〇年の「命の仕事」　世界，740，152-160．
総務省（2005）．人口推計月報　全国，年齢 5 歳階級別人口　平成 17 年 7 月確定値，平成 17 年 11 月概算値 <http://www.stat.go.jp/data/jinsui/tsuki/index.htm>
杉田明宏（2001）．平和のロール・モデル論　心理科学研究会（編）平和を創る心理学　ナカニシヤ出版，pp.116-130．
杉田明宏（2004）．平和心理学から見た「心のノート」問題　岩川直樹・船橋一男（編著）「心のノート」の方へは行かない　子どもの未来社，pp.187-208．
高嶋伸欣（研究代表）（2004）．2003 年度文部科学省　フレンドシップ事業報告書　琉球大学の学生と埼玉県立上尾高等学校との修学旅行平和学習を中心とした交流事業　琉球大学教育学部，pp.207-213．
上原幸典（2004）．若夏会の学習風景　幸運タクシー情報館 <http://www.h2.dion.ne.jp/~uehara86/page026.html>
宇根悦子（2003）．平和ガイドは成長の糧　季刊沖縄，24，28-30．
山田朗（2005）．戦争学習に何が必要か（上）　歴史地理教育，693，58-63．

第 2 章

沖縄ピースツアーの効果と意義
テキストマイニングを用いて

1 問題

　大東文化大学文学部教育学科杉田ゼミナール（以下、杉田ゼミと略記）は、学部 3 年生・4 年生に開講されている学科必修の演習科目の一つである。本章末の付録 A のゼミ募集要項（大東文化大学文学部教育学科演習問題委員会（編），2010）に示したように、著者が開講するゼミは「平和の学びを創る」と題して、人間の心身の発達に対する阻害条件を減少させ、促進条件を増進するための多様な学びのあり方を追究している。近年は 2 学年合わせて 16 人前後が履修している。

　本ゼミの学習活動は、年間を通じた平和学習プログラムとなっており、前期に平和学の基礎について、ガルトゥング平和学を理論的な柱として学習し、後期は、学年末に実施する「ピースツアー」と名付けているスタディツアーの事前学習を兼ねて、学習対象地の平和問題を内容的な柱とした学習を行っている。その過程で、ワークショップ型の授業、関東圏の戦争遺跡へのフィールドワーク、紙芝居等の学習教材作成、地域の平和イベントへの参画等、多様なスタイルの学びを経験しながら、平和学習を組織するスキルを獲得することも目指す。

　以上のような学習の総まとめとして、毎年、年度末に「ピースツアー」と

称する平和学習旅行を実施している[1]。対象地は、ほとんどが沖縄であるが、原爆・核問題学習のために広島ツアーも過去に2回実施している。対象地として沖縄を重視している理由は、沖縄戦と米軍基地問題を中心に戦争—平和の問題が日本で最も集約的に現れている空間であり、戦争と暴力について現在進行形の問題としてリアルに学ぶことができる場所であるからである。また同時に、生命を重んじ平和を求める人々による非暴力的・持続的活動に接することができるからでもある。

さて、本研究は、2011年2月13日～17日（4泊5日）に実施された2010年度の沖縄ピースツアーを対象としている。ツアーの概要は表1の通りであった。

ツアーの構成要素は、沖縄戦および米軍基地問題に関する全体学習が3日、平和に限らず、自然・文化・歴史の多様なテーマを少人数単位の自主企画によって学ぶグループ学習が1日、学習の枠を外した自由行動が1日である。

2010年度の内容的な特徴は、元ひめゆり学徒の与那覇百子さんの体験を聴き、「平和のための埼玉の戦争展」（以下、「戦争展」）の展示パネルとしてまとめた経緯があるため、ひめゆり学徒の足跡をたどることを重視したコースを設定した。座間味島では集団死を生きのびた体験者の証言を聴き、関連する島内の戦跡を巡って、実相をリアルに認識することを目指した。米軍基地問題では、普天間・辺野古問題の最新状況や困難・展望を各現場において関係者から聴き取ることを目的とした。また、ここ10年ほど継続してきた沖縄で学ぶ学生との交流については、昨年度から重視している対等な関係づくりを発展させ、ガイドプランを共同で作成するグループワークを試みた。

ところで、この沖縄ピースツアーの取り組みの意義は、次の4点に整理される。

第1に、参加者である学生が、アイデンティティー形成期の青年として、歴史的・社会的・自然的・文化的学習要素を豊富に含む沖縄社会における現実の社会的相互作用のプロセスを観察・学習することを通して、社会の中で

第2章　沖縄ピースツアーの効果と意義

表1　2010年度　杉田ゼミ沖縄ピースツアーの概要

2010年後期 2011年	『沖縄戦新聞』（琉球新報社刊）等により沖縄戦に関する事前学習
2月11日	事前学習：実際のツアーコースに沿った学習スポット毎に担当者を決めて集中学習を行った後、事前テストを実施した。
2月13日	ツアー第1日：南部戦跡フィールドワーク。琉球大学学生平和ガイドメンバーの案内により、アブチラガマ→ひめゆりの塔＆ひめゆり平和祈念資料館→荒崎海岸→沖縄県平和祈念資料館→平和の礎を巡り、学習した。
2月14日	ツアー第2日：座間味島フィールドワーク。宮里哲夫さんの証言により座間味島での「集団自決」を学習した。その後、翌日にかけて座間味区長宮里芳和さんのガイドにより、座間味島での戦闘・「集団自決」の現場を歩く島内フィールドワークを実施した。
2月15日	ツアー第3日：米軍基地フィールドワークとして、琉球大学学生平和ガイドの会と沖縄国際大学スマイライフのメンバーの案内により、嘉数高台で普天間基地問題を学習。その後、琉球大学を会場にして、両団体に沖縄キリスト教学院大学 One Love のメンバーを加え、4大学で学生交流会を実施。各団体からの活動紹介の後、普天間基地を修学旅行生に案内するガイドプランを小グループに分かれて作成し、交流した。
2月16日	ツアー第4日：グループ活動日。小グループに別れて自主的に計画を立て沖縄の自然、文化等を体験した。
2月17日	ツアー第5日：出発時間まで自由行動。空港で搭乗前に事後テストを実施した。
3月中旬	報告書用の総括的感想文をメールで提出させた。

生きていく自分の役割を考えることである。これは青年期教育、もしくは青年心理学実践としての意義である。

　第2に、小学校の教職員免許状を取得する教育学科の学生が、近い将来に教壇に立つ者として、次世代の子どもたちの中に平和への希望を育むための教育方法を体験的に学習することである。これは教師教育、もしくは平和教育実践としての意義である。

　第3に、主体的な平和の担い手たる市民となるために、暴力と平和の問題に関わり続けるモチベーションとスキルを高めることである。これは市民教

育、もしくは平和心理学実践としての意義といえよう。

　第4に、ゼミの1年間の平和学習の最後のプログラムとして、「平和とは？」「平和を学ぶとは？」「平和を創るとはいかなることか？」という根本的な問いについて、具体的な社会現実を通して総合的に考え、自分なりの総括を行うことである。これは大学におけるゼミ教育実践としての意義である。

　以上の意義を踏まえて、本ツアーの参加者は、暴力と平和の現場としての沖縄に身を置き、その状況を五感で感じながら、そこに関わる人々の活動や証言を通して、暴力のリアリティーと平和のロールモデル（杉田, 2001, 2006）を獲得し、それぞれの心の中に「平和の砦を築く」（UNESCO, 1945）ことが期待されている。

　そこで、本ツアーにおいては以下のような柱で獲得目標が想定されている。

　第1に、沖縄現地において、沖縄戦や基地問題の現場や、それに関わりを持つ人々と交流する経験を通じて、具体的事実を詳細に知り、より実感を持って問題を受け止めるようになることである。

　第2に、現地でのさまざまな体験を通じて、それまで気づかなかった新たな問題・新たな課題を発見することである。

　第3に、現地で問題に取り組む人々と交流し、活動を共にすることを通じて、今後も平和の問題に関わり続けようというモチベーションが高められ、自らの次の活動がエンカレッジされることである。

　ところで、杉田ゼミの沖縄ピースツアーは2011年で13回を数えたが、このような獲得目標が、参加学生の一人一人において実際どのように達成されたかという点について、質的・量的データを通じて検証する研究的作業は実施されてこなかった。しかし、ツアープログラムを改善し教育効果を高める上で、また、平和学習の有効な方法を開発する上でこの作業は、重要な意義を有すると考えられる。この効果を検証するためには、学生自身が本ツアーについて事前にどのような期待をいだき、現地でどのようなことを感じ・考

えたか、それを事後に振り返ってどのようなことを自らの中に残したかを確認するという方法が有効であると考えられる。

教育実践の効果を検証する方法論については、いとう・杉田・井上（2010：本書第4章）が、2009年度の教員免許状更新講習として杉田が大東文化大学において実施したガルトゥング平和学に基づく平和教育のワークショップ形式の教育プログラムを検証したものを参考にすることができる。これは、講習終了後に参加者の自由記述形式の提出物をテキストマイニングの手法を用いて分析するものであった。その結果、テキストマイニングによる分析方法が、実践の効果を評価する上で一定の有効性を持つことが明らかにされた。また同時に、焦点となる実践の事後テストだけでなく、事前と事後の記述の比較を行うことによって有効性の効果が明確になるであろうことが指摘された。

そこで本研究では、沖縄ピースツアーの実践の効果を検証するために、事前と事後に実施した質問紙調査、及び総括的感想文の内容を分析するという方法をとることにした。

2　目的

本研究の目的は、ツアーの事前・事後に尋ねた質問項目への回答とその変化、及び約一ヶ月後にツアーを改めて振り返って書かれた総括的感想文の内容の特徴を分析することにより、本ツアーの効果を評価し、その平和学習の方法としての意義を考察することにある。

より具体的には、以下の8つの課題を作業仮説として、それらが達成できたかを検証することが本研究の主要な作業となる。これらの作業仮説は、前述の沖縄ピースツアーの獲得目標に対応し、それを評価する指標となるものとして設定されている。

獲得目標の1に対応するのは以下の二つである。

仮説1：ツアーへの参加により、記述量（単語数）が増加し、とりわけ人名・地名等の固有名詞が増加するであろう。

これは、現地において、学習活動や自由行動場面で体験者や住民・学生と接しながら、具体的で詳細な話を聴き、多様な経験をすることを通じて、具体的な記述が増えていくことを想定している。

仮説2：ツアーへの参加により、感情を表現する言葉が増加するであろう。

これは、沖縄戦や基地問題の現場の状況、体験者の証言・衝撃的事実や状況、あるいは積極的な活動や心情に触れることによって、悲しみ・恐怖・怒りといった否定的感情が参加者に体験されることを指している。Adams (1986, 1995) は、平和活動のとりわけ初期において、不正義に対する「怒り」の感情の重要性を述べている。

次に、獲得目標の2に対応するのは以下の二つである。

仮説3：ツアーへの参加により、問題を見る視点が多角的・総合的になるであろう。

これは、沖縄の各地を実際に歩くことによって、事前学習で中心としている直接的暴力／平和の問題のみならず、文化・歴史・自然等との関連を実感し、随所での住民との触れ合いが媒介となって、多角的・総合的に沖縄の問題を考えられるようになることが期待されているということである。

仮説4：ツアーへの参加により、事前には知り得なかった、あるいは予想していなかった問題・課題・視点への気づきが起こるであろう。

これは、事前学習で得た知識・視点には無かった、あるいはそれと矛盾するような証言・事実・ものの見方に出会い、驚きや新たな問題意識が生じるということである。

獲得目標の3に対応するのは以下の四つである。

仮説5：ツアーへの参加により、沖縄への親近性が増加するであろう。

これは、沖縄のユニークな歴史・文化・自然や沖縄で生活する人々に接することを通じて、より好意的で身近な存在になることが期待されるというこ

とである。

　仮説6：ツアーへの参加により、沖縄の人々とのつながりをより意識するようになるであろう。

　これは、現地の人々との交流を通じて、例えば「沖縄の人たち」、「戦争体験者」という総称でなく、「〇〇さん」といった固有名詞での認識や、それらの具体的個人を通じた戦争・平和認識が取得されることにより、人とのむすびつきが強く深くなることである。

　仮説7：ツアーへの参加により、平和のロールモデルが見いだされるであろう。

　沖縄ピースツアーでは暴力への向き合い方、その克服の仕方、平和づくりのスキルの形成を重視している。とりわけ、同世代の沖縄ガイドの学生たちや基地に抵抗する沖縄の人々の積極的な思想や活動に触れて、自分もそのようになりたい、あるいは少なくとも自分ができる役割とは何だろうか、自分に何ができるのだろうか等を考えるきっかけになるように、動機づけられることである。すなわち、平和のロールモデル（杉田，2001, 2006）を自己の中に形成することである。

　仮説8：ツアーへの参加により、平和の問題・沖縄の問題に関わっていこうとする主体性やモチベーションが高められるであろう。

　これは、さまざまな現場で活動し、伝えようとしている当事者を媒介にして問題の深刻さに触れることによって、自分自身が沖縄のことを他者に伝える側に立つことを想定したり、その役割を担おうとする意欲・意志が形成されたりすることを指している。

　以上の獲得目標と仮説との関連をまとめたものを表2に示した。

　8つの作業仮説を、テキストマイニングの量的分析と原文参照による質的分析を組み合わせたミックス法（Creswell, 2007, 2010）により検証し、考察する。

表2 沖縄ピースツアーの獲得目標と対応する作業仮説

■沖縄ピースツアー獲得目標	■対応する作業仮説（教育的課題）
[1] 沖縄現地において、沖縄戦や基地問題の現場や、それに関わりを持つ人々と交流する経験を通じて、具体的事実を詳細に知り、より実感を持って問題を受け止めるようになることである。	仮説1：ツアーへの参加により、記述量（単語数）が増加し、とりわけ人名・地名等の固有名詞が増加するであろう。 仮説2：ツアーへの参加により、感情を表現する言葉が増加するであろう。
[2] 現地でのさまざまな体験を通じて、それまで気づかなかった新たな問題・新たな課題を発見することである。	仮説3：ツアーへの参加により、問題を見る視点が多角的・総合的になるであろう。 仮説4：ツアーへの参加により、事前には知り得なかった、あるいは予想していなかった問題・課題・視点への気づきが起こるであろう。
[3] 現地で問題に取り組む人々と交流し、活動を共にすることを通じて、今後も平和の問題に関わり続けようというモチベーションが高められ、自らの次の活動がエンカレッジされることである。	仮説5：ツアーへの参加により、沖縄への親近性が増加するであろう。 仮説6：ツアーへの参加により、沖縄の人々とのつながりをより意識するようになるであろう。 仮説7：ツアーへの参加により、平和のロールモデルが見いだされるであろう。 仮説8：ツアーへの参加により、平和の問題・沖縄の問題に関わっていこうとする主体性やモチベーションが高められるであろう。

3 方法

研究対象者：2010年度の杉田ゼミ沖縄ピースツアーに参加した13人。内訳は、男性10人、女性3人である。学年別では、4年生10人、3年生3人であった。また、ゼミのツアーとして沖縄を訪れた経験では、2回目が9人（全て4年生）、初めてが4人（4年生1人、3年生3人）であった。

質問紙：自由記述形式の質問紙調査によって、事前学習日である2月11日の学習後に事前テストを行い、ツアー最終日の飛行機搭乗前に那覇空港ロビーにて事後テストを実施した。さらに、帰京後の約1ヶ月後を締め切りとして、事後の総括的な感想文の提出を求めた。この時期は春休み中で質問紙の回収が困難であったため、基本的にメールでの提出とした。

なお、事前テストを付録B、事後テストを付録Cとして巻末に記載した。事後の総括的感想文は、「ツアー全体を振り返り、考えたこと感じたことを書いてください」という教示を行った。

分析方法：13名の事前テスト、事後テスト、および事後の総括的感想文の文章をテキスト化し、1名分のデータを1行としたタブ区切りデータとして保存した。入力したデータを Text Mining Studio Ver.3 へ投入し、テキストマイニングを用いて分析を行った。倫理的配慮として個人の情報が問題ではなく、また氏名を公開しないことを予め対象者に伝えた。

4 結果

まず始めに、テキストマイニングにおけるテキスト基本統計量を示す。全体として、自由記述式の問いのうち計17項目（事前テスト分が7項目、事後テスト分が9項目、総括的感想文を1項目）にツアー参加学生13人全員が回答している。各回答のテキスト平均文字数は61.4文字であった。総文数は703文であり、一文あたりの平均文字数は20.5文字である。内容語について、のべ単語数は5701単語、単語種別数は1698語で、タイプ・トークン比（金, 2009）は.30であった。

以下、ツアー前の2月11日に実施した事前テストの回答、ツアー日程を終えた最終日の2月17日に実施した事後テストの回答、さらに、ツアー後、約1月以内に報告書用に提出されたツアー全体についての各自の自由記述の感想文について、出現単語頻度（単語頻度分析）を中心に分析した結果を示す。

なお、以下の単語頻度分析において記されている単語頻度は、用いられた単語の総数の頻度ではなく、単語が行内に存在するか（1）、否か（0）を示している。これは前述の通り、1名分の全自由記述データを1行として入力したことに起因しており、つまりは単語頻度における回数は、その単語を使用した人数ということになる。

(1) 南部戦跡フィールドワークへの事前の期待と事後の印象

ツアー第1日目の南部戦跡フィールドワークについて、事前に期待すること、事後に印象に残ったことを尋ねた自由記述において、2回以上出現した、すなわち2人以上が記述した単語（名詞）とその頻度（人数）を示したものが表3の単語頻度一覧である。

表3を見ると、2個以上、すなわち2人以上の記述に登場する単語種別数は、事前テストの15語から、事後においては12語に減少した。事前では「沖縄」の頻度（すなわち「沖縄」の語を記述した参加学生の人数。以下同様）が

表3　南部戦跡フィールドワークへの事前の期待と事後の印象

事前の期待			事後の印象		
単語	品詞	頻度	単語	品詞	頻度
沖縄	名詞	5	ひめゆり	名詞	4
アブチラガマ	名詞	3	実際	名詞	4
戦跡	名詞	3	壕	名詞	3
与那覇百子さん	名詞	3	ひめゆり学徒隊	名詞	2
ガマ	名詞	2	一番	名詞	2
映像	名詞	2	印象	名詞	2
気持ち	名詞	2	沖縄	名詞	2
実際	名詞	2	実感	名詞	2
生	名詞	2	戦争	名詞	2
戦争	名詞	2	想像	名詞	2
地上戦	名詞	2	当時	名詞	2
当時	名詞	2	悲惨	名詞	2
南風原陸軍病院	名詞	2			
雰囲気	名詞	2			
歴史	名詞	2			

最も多く、「アブチラガマ」「戦跡」「与那覇百子さん」がそれに続いていた。事後には、「ひめゆり」「実際」及び「壕」が多く見られた。「ひめゆり」については、それとは別に「ひめゆり学徒隊」が２個カウントされている。これらは「ひめゆり」を代表語とする類義語とみなすことができ（6回）、南部戦跡フィールドワーク後において学生に最も多く記述されていた名詞である。また、「実際」とは別に、「当時」が２回カウントされているが、原文参照によると「当時実際に使用されていた物」のように同一人物の同一文にセットで登場していた。同様に、別々に２回ずつカウントされている「実感」と「悲惨」も、「悲惨さを実感した」というセットで使われていることがわかった。

　ツアー第１日目については、事前には「アブチラガマ」「与那覇百子さん」などの具体的な単語が意識されたのに対し、事後の印象では「ひめゆり」「壕」という一見抽象的な単語になっている。しかし、原文を参照すると、現地で事前学習の際に交流していた具体的個人（与那覇さん）以外のさまざまな「ひめゆり学徒」たちの存在に気づき、さらに沖縄戦が「ひめゆりだけと思ってしまっている」こと、「ひめゆりはほんの一部の出来事」であることに気づかされた結果が現れているのであって、認識が相対化・一般化され、むしろ発展していることが読み取れるのである。

（2）座間味島フィールドワークへの事前の期待と事後の印象

　ツアー第２日目の座間味島フィールドワークについて、事前・事後の質問紙の自由記述回答中、２回以上登場した単語（名詞）とその頻度（人数）を示したものが表４の単語頻度一覧である。

　表４を見ると、単語種別総数は事前13語から事後17語へと増加した。内容を見ると、事前では「集団自決」が４回、「事実」「他」「話」がそれぞれ３回ずつカウントされている。事後では「話」「当時」「印象」「宮里哲夫さん」「島」が上位に来ていた。ただし「話」と「証言」、および「島」と「座

表 4　座間味島フィールドワークへの事前の期待と事後の印象

事前の期待			事後の印象		
単語	品詞	頻度	単語	品詞	頻度
集団自決	名詞	4	話	名詞	6
事実	名詞	3	当時	名詞	5
他	名詞	3	印象	名詞	4
話	名詞	3	宮里哲夫さん	名詞	4
学習	名詞	2	島	名詞	4
宮里哲夫さん	名詞	2	集団自決	名詞	3
現場	名詞	2	証言	名詞	3
座間味	名詞	2	人	名詞	3
事前学習	名詞	2	戦争	名詞	3
自然	名詞	2	フィールドワーク	名詞	2
証言	名詞	2	宮里芳和さん	名詞	2
渡嘉敷	名詞	2	座間味	名詞	2
島	名詞	2	座間味島	名詞	2
			妻	名詞	2
			住民	名詞	2
			体験	名詞	2
			米軍	名詞	2

間味」と「座間味島」は、それぞれ同義であることを考慮すると、前者「話」は8回（合計9回であるが、そのうちの1回は同一人物が両方の単語を使っているので除外した）、後者「島」は8回とカウントできる。また、事後においては話者である宮里哲夫さん、宮里芳和さんの名前が学生の記述に登場していることがわかった。

　頻度が最も多かった「話」について原文を参照すると、現地で証言を伺った「宮里哲夫さん」の「集団自決」の「当時」の話、および、島内を案内していただいた「宮里芳和さん」の解説を指しており、それが強く「印象」に残ったとしていた。したがって、これらはセットとみなすことができる。

　第2日目の座間味島については、事前には「集団自決」の「事実」を知りたいという期待にとどまっていたものが、事後においては、「宮里哲夫さん」の証言を通じて、「普通の生活をしていた人々の生活の話」や「座間味の人が疎開できなかった」話、「昔の人の戦争についての認識」の話など、

第 2 章　沖縄ピースツアーの効果と意義　　49

詳細で具体的な数々のエピソードが強い印象を残したことがわかる。

(3) 米軍基地フィールドワークへの事前の期待と事後の印象

　ツアー第 3 日目の米軍基地フィールドワークに関して、事前・事後の質問紙の自由記述回答中、2 回以上登場した単語（名詞）とその頻度（人数）を示したものが表 5 の単語頻度一覧である。

　表 5 を見ると、2 回以上の単語種別総数は事前 13 語、事後 11 語であり、2 語減少した。事前では「基地」が 6 回、「基地問題」「生活」「米軍基地」「米兵」「問題」が 3 回であった。「基地」と「米軍基地」については、同義の類義語として考えると最も頻度が多い。同様に、「問題」と「基地問題」についても同義であると位置づけると、事前の期待では「基地」が 9 回であり、「基地問題」が 6 回であることがわかる。事後は、「基地」が 6 回、「人々」が 3 回であった。事前には無かった「嘉数」「気持ち」「考え」の単語がならぶ。

　事前学習において基地被害について学習したこともあってか、事前テスト

表 5　米軍基地フィールドワークへの事前の期待と事後の印象

事前の期待			事後の印象		
単語	品詞	頻度	単語	品詞	頻度
基地	名詞	6	基地	名詞	6
基地問題	名詞	3	人々	名詞	3
生活	名詞	3	沖縄	名詞	2
米軍基地	名詞	3	嘉数	名詞	2
米兵	名詞	3	気持ち	名詞	2
問題	名詞	3	考える	名詞	2
影響	名詞	2	今	名詞	2
去年	名詞	2	今回	名詞	2
現地	名詞	2	塔	名詞	2
今	名詞	2	普天間	名詞	2
住民	名詞	2	普天間基地	名詞	2
存在	名詞	2			
様子	名詞	2			

でも「基地」が住民の「生活」に与える影響についての関心が高かったが、事後テストでは、「地元の人々の気持ちがとても良く伝わり、考え方が変わった」という記述に典型的に現れているように、嘉数でのフィールドワークにおいて、眼前に広大な基地を見ながら、騒音に悩まされる住民・学生の生活の話を聴き、また、交流会で基地案内のガイドプランを地元の学生と話し合うことを通じて、基地問題のリアリティーが増し感情移入するようになったことが推測される。

(4) 沖縄の大学生との交流への事前の期待と事後の印象

ツアー第3日目、米軍基地フィールドワーク後に実施された沖縄の大学の学生たちとの交流会に関して、事前・事後の質問紙の自由記述回答中、2回以上登場した単語（名詞）とその頻度（人数）を示したものが表6の単語頻度一覧である。

表6を見ると、2回以上の単語種別総数は事前9語、事後10語であり、1語増加した。事前では「沖縄」が5回、「学生」「考える」が4回、「違う」「人」「問題」がそれぞれ3回出現していた。事後は、「学生」が5回、「ガイド」「沖縄」「平和」がそれぞれ3回であった。事前には見られなかった「ガ

表6 沖縄の大学生との交流への事前の期待と事後の印象

事前の期待			事後の印象		
単語	品詞	頻度	単語	品詞	頻度
沖縄	名詞	5	学生	名詞	5
学生	名詞	4	ガイド	名詞	3
考える	名詞	4	沖縄	名詞	3
違う	名詞	3	平和	名詞	3
人	名詞	3	意見	名詞	2
問題	名詞	3	活動	名詞	2
現地	名詞	2	考える	名詞	2
交流	名詞	2	身近	名詞	2
生活	名詞	2	人	名詞	2
			証明	名詞	2

イド」「平和」「意見」「活動」「身近」「証明」が事後に出現している。

　原文を参照すると、事前の期待では「学生と交流する」ことによって「沖縄に住んでいる学生の考えと、住んでいない自分たちの考えの違い」を知ることに関心が強いようであるが、交流後の印象としては、「身近で学び、生活している沖縄の学生には熱いものを感じた」、「ガイドの腕は本物だ」と差を実感しつつ、「どんどん意見が飛び交い」「お互いに意見を尊重し合い」という交流の中で「関東の学生と何も変わらない」「仲良くなれた」と親近感を高めたことがわかった。

(5) グループ活動への事前の期待と事後の印象

　ツアー第4日目のグループ別自主活動に関して、事前・事後の質問紙の自由記述回答中、2回以上登場した単語（名詞）とその頻度（人数）を示したものが表7の単語頻度一覧である。

　表7によれば、2回以上の単語種別総数は事前7語に対し、事後は11語に増加した。事前では「沖縄」が9回、次いで「文化」が4回、「自然」が3回見られた。事後は、「沖縄」が5回、「自然」が4回であるが、事前には

表7　グループ活動への事前の期待と事後の印象

事前の期待			事後の印象		
単語	品詞	頻度	単語	品詞	頻度
沖縄	名詞	9	沖縄	名詞	5
文化	名詞	4	自然	名詞	4
自然	名詞	3	基地問題	名詞	2
久高島	名詞	2	現場	名詞	2
神の島	名詞	2	現地	名詞	2
神秘	名詞	2	実感	名詞	2
戦争	名詞	2	住民	名詞	2
			戦争	名詞	2
			反対運動	名詞	2
			風景	名詞	2
			歴史	名詞	2

見られなかった「基地問題」「現場」「現地」「住民」「反対運動」といった単語が出現した。「現場」および「反対運動」の原文参照によると「反対運動の現場」のようにセットになっている。

　沖縄に対する事前の期待は、沖縄の「文化」「自然」に関するものが多く、事後にも「自然」が上位に挙げられていた。しかし、「自然」についても「想像を越える」「偉大さを感じたりする」というように印象を強くするだけでなく、それが「住民の手によって大切に守られている」「今まさに無くなろうとしている」というように人間との関わり方が意識されていることがわかる。また、辺野古や高江の基地建設阻止行動に遭遇した学生たちは「運動の熱気、住民の怒りが伝わってきた」と、リアルな現場の姿を衝撃的に受け止めていた。

(6) ツアー全体についての事前の期待と事後の印象

　ツアー全体に関しての事前の期待と事後の印象の自由記述回答中、2回以上登場した単語（名詞）とその頻度（人数）を示したものが表8の単語頻度一覧である。

　表8によれば、2回以上の単語種別総数は事前8語に対し、事後は13語に増加した。事前では「沖縄」「学習」「去年」「考える」がそれぞれ3回見られた。ここでの「考える」とは、原文を見ると、いずれも自分の「考え」を深めたい・まとめたいということである。

　事後は、「沖縄」「戦争」が4回、「実際」「人」が3回であった。事前には見られなかった「実際」「人」「ゼミ」「フィールドワーク」「交流」「今」「今回」「思う」「大切」「目」といった単語が出現した。ここで「思う」の原文を参照すると、沖縄の人の「想い」のことであり、「目」は実際に自分の目で見ることである。

　事前・事後ともにトップの「沖縄」でも、事前では「沖縄を感じたい」というように対象としての沖縄であったが、事後は「自分と今の沖縄の方々、

第 2 章　沖縄ピースツアーの効果と意義　　53

表 8　ツアー全体についての事前の期待と事後の印象

事前の期待			事後の印象		
単語	品詞	頻度	単語	品詞	頻度
沖縄	名詞	3	沖縄	名詞	4
学習	名詞	3	戦争	名詞	4
去年	名詞	3	実際	名詞	3
考える	名詞	3	人	名詞	3
意識	名詞	2	ゼミ	名詞	2
沖縄戦	名詞	2	フィールドワーク	名詞	2
出来事	名詞	2	学習	名詞	2
目	名詞	2	交流	名詞	2
			今	名詞	2
			今回	名詞	2
			思う	名詞	2
			大切	名詞	2
			目	名詞	2

昔の方々を重ね合わせて」「活動を沖縄の人たちだけのものとはせず、私たちでも伝えていけるようにしたい」というように自我関与が高まっている。それは「実際に現場に行ってみると」「実際に目で見ると」という書き方からわかるように、現場に身を置き、現地の「人」と接するという経験に基づいていると考えられる。

(7) 自分にとっての沖縄の意味の事前・事後の変化

　沖縄が「自分にとってどのようなところか」という問いを事前・事後の質問紙で尋ねたが、その自由記述回答中、2回以上登場した単語（名詞）とその頻度（人数）を示したものが表9の単語頻度一覧である。
　表9を見ると、単語種別総数は事前の7語から事後は13語に増加した。事前では、「場所」4回、「戦争」が3回などであったが、事後は、「沖縄」6回、「場所」4回であった。事後では事前には見られなかった、「これから」「基地」「身近」「人」「存在」「大切」「日本」「文化」が新たに出現している。「場所」について原文を参照すると、事前にはいずれも「戦争」や「普天

表9　自分にとっての沖縄の意味の事前・事後の変化

事前の期待			事後の印象		
単語	品詞	頻度	単語	品詞	頻度
場所	名詞	4	沖縄	名詞	6
戦争	名詞	3	場所	名詞	4
一つ	名詞	2	これから	名詞	2
一番	名詞	2	沖縄問題	名詞	2
沖縄	名詞	2	基地	名詞	2
今	名詞	2	身近	名詞	2
問題	名詞	2	人	名詞	2
			存在	名詞	2
			大切	名詞	2
			日本	名詞	2
			文化	名詞	2
			問題	名詞	2

間」という問題と結び付けられているが、事後では、「私たちが」「自分の大切な」「沖縄の人たちと共に」のように自分に引きつける形で記されている。また事後に現れた「存在」も、原文を見ると「身近な」「遠くない」とセットであり、自らに引きつけて感じようとしていることが読み取れる。

(8) 沖縄で出会った「印象に残った人」

　沖縄ツアーで「印象に残った人」について事後に尋ねた自由記述において、2回以上登場した単語（名詞）とその頻度（人数）を示したものが表10の単語頻度一覧である。

　表10を見ると、「北上田源さん」が5人、「会沢芽美さん」と「宮里哲夫さん」がともに4人に記述されていた。北上田源さんは、元琉球大学学生ガイドの会のメンバーで、今回の南部戦跡ガイドに加わっていただいた。会沢芽美さんは、1泊した「うたごえペンションまーみなー」のオーナーで、歌と芝居で沖縄戦や基地の問題を表現し、沖縄内外に伝える活動を続けている女性である。宮里哲夫さんは、座間味島での「集団自決」の生き証人として、証言活動を続けている方であり、今回のツアーでも長時間にわたり当時の体

験と想いを学生に伝えていただいた。

表10　沖縄で出会った「印象に残った人」

単語	品詞	頻度
北上田源さん	名詞	5
会沢芽美さん	名詞	4
宮里哲夫さん	名詞	4
まーみなー	名詞	2
沖縄	名詞	2
歌	名詞	2
考える	名詞	2
参考	名詞	2
芝居	名詞	2
出会う	名詞	2
心	名詞	2
人	名詞	2
知識	名詞	2
伝える	名詞	2
表現	名詞	2
豊富	名詞	2
話	名詞	2

原文を参照していくと、最多の5人に取り上げられていた北上田さんについては、少し年上の同世代でありながら、豊富なガイド経験と研究に裏打ちされた知識・伝達スキル・問題意識によって強い刺激を与えており、「参考にしたい」「見習いたい」「学びたい」と述べられていた。まーみなーの会沢芽美さんに関しては、歌と一人芝居で表現する実演に接して、「インパクトがあった」「心を打たれた」「ひきこまれた」という記述が目立った。また、宮里哲夫さんについては、生々しい証言をじっくり聴いたことにより、「重み」「熱意と迫力を感じた」「胸に響いた」というように強い印象を与えていたことがわかる。

(9) 総括的感想

ツアー終了後約1ヶ月の期間で、ツアー全体を振り返って書いてもらった個々人の総括的感想文において出現した単語頻度総数（名詞）および頻度・人数を分析したものが表11、表12である。

単語頻度総数について見ると、「沖縄」「話」「宮里哲夫さん」「今回」「証言」「戦争」「ガイド」「人」「壕」「今」「座間味」「実際」が上位に挙げられている。原文を参照してみると、「話」と「証言」は、座間味島での宮里哲夫さん、ひめゆり学徒隊の与那覇百子さんといった体験者の証言、辺野古の座り込みの方からの説明、学生平和ガイドの解説などを指しており重なりの

表 11 ツアー終了後の総括的感想（単語頻度）

単語頻度総数（8 頻度以上）

単語	品詞	頻度	単語	品詞	頻度
沖縄	名詞	51	知識	名詞	11
話	名詞	31	言葉	名詞	10
戦争	名詞	25	1日	名詞	9
人	名詞	23	ピースツアー	名詞	9
今回	名詞	22	合宿	名詞	9
壕	名詞	18	自然	名詞	9
ガイド	名詞	17	表現	名詞	9
宮里哲夫さん	名詞	16	ひめゆり学徒隊	名詞	8
証言	名詞	16	学生	名詞	8
座間味島	名詞	15	基地問題	名詞	8
実際	名詞	15	思う	名詞	8
去年	名詞	14	場所	名詞	8
当時	名詞	14	状況	名詞	8
学習	名詞	12	心	名詞	8
今	名詞	12	南風原陸軍病院	名詞	8
ゼミ	名詞	11	二度	名詞	8
印象	名詞	11	平和	名詞	8
基地	名詞	11	与那覇百子さん	名詞	8
交流会	名詞	11			

ある言葉であることがわかる。またスポットとしては、初日に入った南風原第 20 号壕やアブチラガマの「壕」と、「座間味島」がとりわけ単語数、人数ともに頻度が高く、強い印象を残したことがわかる。

　これらは、沖縄戦や米軍基地の現場に「実際」に足を運んで現地・現物から感じ取ることや、その問題に関わってきた現地の人々と交流し、それらの人々の話を通じて問題を認識することを重視した効果を現わすものと言えるだろう。

　とりわけ、13 人中 10 人が記述している「宮里哲夫さん」は、「座間味島」での生活と戦争と強制集団死等について、2 時間半にわたって詳細に「証言」した。それは、原文によれば「今まで聞いてきたどの証言よりも残酷で悲しいものだった。自分の家族を殺さなければならなかった心理とはどうい

第2章　沖縄ピースツアーの効果と意義

表12　ツアー終了後の総括的感想（人数）

人数（7人以上）

単語	品詞	頻度
沖縄	名詞	12
話	名詞	11
宮里哲夫さん	名詞	10
今回	名詞	10
証言	名詞	10
戦争	名詞	10
ガイド	名詞	9
人	名詞	9
壕	名詞	8
今	名詞	8
座間味島	名詞	8
実際	名詞	8
1日	名詞	7
言葉	名詞	7
交流会	名詞	7
実感	名詞	7
状況	名詞	7
心	名詞	7

ったものなのだろう。愛する我が子を殺さなければいけない母親の気持ちはどんなものだっただろうか。このことを思うと、どこに向ければよいか分からない怒りを感じ」たといった悲痛な体験内容であった。しかし、それだけでなく、「日本軍と民間人の関係は、最初は和やかな雰囲気だったようで意外だった」、兵隊に「憧れや尊敬の感情を抱く」ことが「不思議で仕方なかった」、「事前学習で学び、イメージしていたその島での住民と兵隊の関係性が違い、やはり現地へ行きその戦争体験者の話をきくと様々な発見とともに色々な物が見えてくると感じた」というように、新たな知識や疑問を生み出す話として、参加者たちの印象に残ったものであろう。

また、「ガイド」という単語の多くは、フィールドワークと「交流会」で接した琉球大学や沖縄国際大学の学生の活動を指している。原文では「ガイドすることの大変さを知り、それを自分と同じ年代の人たちがやっていることが純粋にすごいと感じた」、「ガイドの難しさを改めて感じた」、「沖縄学生ガイド」が「ガイドをしながら戦跡に触れている」、「話し方一つとっても惹き付けるものがあり（中略）私の目指すべきところであると感じた」等、大きな刺激を受けたことがわかる。

「実際」や「実感」は、リアリティーの表現として多用され、現地研修の効果を端的に示すキーワードともいえる。原文では「ひめゆり学徒隊の実際に通った道」、「戦争によって心に傷を負った人が実際に居るということを自

分の目で見て」、「壕やガマの劣悪な環境も、騒音被害も話で聞くのと実際に見てくるのでは大きく違った」、「実際に生活してみなければ分からない」、あるいは、「日常生活から大変なのだなと、話を聞いてあらためて実感しました」、「軍隊が民間人を守るための組織でない事を実感した」、「今と戦争時の感性の違いを考えさせられ、教育の大切さを実感した」、「沖縄のすごさを実感した」等のように、現地で体験した事柄の衝撃の強さや、事前に想像・予想したものとの一致やズレによる強い印象が記されている。

「言葉」とは、原文では「言葉にする」「言葉にできない」という動詞形であり、意味としては「表現する」「他者と共有する」「伝える」ことと類似している。「事実を過去のことで終わらせるのではなく伝えていかなければいけない」、「私たち世代が戦争の悲惨さや悲しみを伝えていくようになった時」、「伝えていく事がとても重要な使命」、「伝える力を自分達も勉強しなければならないと強く感じた」といった表現は、自分らが伝える側の立場に立つことを考え始めたことをうかがわせるものと言えよう。

5　考察

（1）結果の要約：8つの作業仮説について

1）仮説1の「ツアーへの参加により、記述量（単語数）が増加し、とりわけ人名・地名等の固有名詞が増加するであろう」という予測については、多くの項目で単語種別総数が増加し概ね支持されたとも言えるが、南部戦跡と米軍基地のフィールドワークに関しては減少しており、支持されなかった。また、質的問題として、固有名詞の増加が認められたのは、米軍基地の事後テストにおいて「沖縄」「嘉数」「普天間・普天間基地」が新たに複数の参加者に使われている程度であった。

　中でも、南部戦跡について振り返った際の印象では、量的に減少し、質的

に固有名詞が減少して仮説と正反対の結果となったように見える。しかし、この点についての評価は丁寧になされなければならないであろう。すなわち、「アブチラガマ」「与那覇百子さん」「南風原陸軍病院」といった具体的な単語が事後では消え、「ひめゆり（学徒）」が出現しているのは、一見、具体性が失われたことを表しているようにも見える。しかし、結果（1）で指摘したように、これは現地での学習の結果として認識が相対化・一般化され、あるいは着眼点が変化し、むしろ認識としては発展していると解釈することも可能なのである。

　このことは、認識の変化・深化を記述の量的な増減のみによって判断することは困難であり、質的な分析が必要とされるということを示唆しているとも言えよう。

2) 仮説2は「ツアーへの参加により、感情を表現する言葉が増加するであろう」というものであった。この点については、結果（1）、（2）の分析で見たように、沖縄戦・集団自決の証言に接して複数の参加者が「悲惨」さを「実感」したことが検出される。このことは、原文に遡って見ると、「理不尽な被害に対して怒りがわいた」、「（集団自決の強要・誘導が）事実にもかかわらず伝わらないことのもどかしさも感じた」、「裁判についての強い口調」、「（歌や芝居で伝えている人がいる一方で、想いを）伝えられず心に怒りをしまっている人たちもたくさんいると思います」というように、より具体的に表現されていることがわかる。このことは特定の単語の頻度のみでは十分に検証されない部分である。

　また、普天間などの米軍基地問題でも、基地の隣で暮らす学生・住民の話を聴き、地元の「人々」の「気持ち」が伝わり「考え」方が変わったり、「基地反対運動」の衝突場面を目撃して「想像以上にピリピリした空気で、迫力があった」「運動の熱気、住民の怒りが伝わってきた」と衝撃を表現したりしている。

これらのことから感情的表現が増加するという仮説2は支持されたと言えるであろう。

　以上の仮説1、2から、参加者は沖縄戦や基地問題の現場に触れ、そこに関わる人々の語りを通じて、歴史的事実を具体的に、詳細に知り、より実感を持って問題を受け止めるようになったと考えられる。

3） 仮説3の「ツアーへの参加により、問題を見る視点が多角的・総合的になるであろう」という予測は支持されたといえよう。
　結果の（5）でも触れたように、グループ活動や自由行動で久高島や首里城、北部に行った参加者は、歴史・文化・自然に触れることによって、「自然が今まさになくなろうとしている」「そちら側から考えることができたのでよかった」「沖縄へのイメージが変わった」「沖縄の事をもっと楽しい面からも見る力を養えた」等、沖縄戦や米軍基地の暴力の問題をいったん離れ、沖縄の持つ魅力的な側面にも多く触れることによって、それら全体を通じて改めて戦争と基地の問題をとらえ直すことできるようになったと考えられる。

4） 仮説4「ツアーへの参加により、事前には知り得なかった、あるいは予想していなかった問題・課題・視点への気づきが起こるであろう」という予測は支持された。
　結果（9）で述べたように、「日本軍と民間人の関係は、最初は和やかな雰囲気だったようで意外だった」、兵隊に「憧れや尊敬の感情を抱く」ことが「不思議で仕方なかった」「事前学習で学び、イメージしていたその島での住民と兵隊の関係性が違い、やはり現地へ行きその戦争体験者の話をきくと様々な発見とともに色々な物が見えてくると感じた」という、意外性、違和感・疑問の生起、発見が経験されている。「ガマを出入りする者は殺す、家族を殺す、手りゅう弾がお守り、"死"が癒しといった沖縄戦での出来事」

は、関係する人々の生の声に接する中で出会う衝撃的な事態であり、「自分だったらと重ねて考えてもみました」と想像力を動員して向き合う体験ともなっている。

　基地問題でも、「本土の人には知られないところで深刻な問題が起きているということを自分の目で見て（中略）現状に危機感を感じた」、「米軍基地が日本の領土に普通に存在していることに違和感を抱いた」など、問題意識が生まれる様子が見て取れる。

5）仮説5の「ツアーへの参加により、沖縄への親近性が増加するであろう」という予測は支持されたといえるだろう。
　例えば、原文の中で「沖縄の学生には熱いものを感じた」「すごく刺激を受けることができた」「心から学び想いを込めて話をしてくれているふうに見えました」「"平和発信"の想いの強さを感じた」といった「人」に関わる記述や、訪沖2回目の4年生が「去年より沖縄を好きになっています」という沖縄のイメージ全体に関わる記述にも象徴されていると言えよう。
　親近性の増大の重要な要因として、参加学生が現地の様々な人々と交流したことが挙げられるだろう。それはまず、沖縄でガイドを行っている大学生たちとの同世代同士の交流である。次には沖縄戦の証言者たちとの真摯でかつ人間的な交流である。さらには、うたごえペンション「まーみなー」で三線や沖縄音楽をとおして交流した経験である。これらの交流により参加者たちは、沖縄の人々と「固有名詞のつきあい」をすることを通して親近性が大いに増加したといえる。これらのことは、同時に、仮説6の検証でもある。

6）仮説6では「ツアーへの参加により、沖縄の人々とのつながりをより意識するようになるであろう」と予測したが、これも支持されたと言える。
　それは例えば、「今回の沖縄の学生との出会いは、なんとなくあれだけで

は終わらない気がする」「こんな風に輪が広がった」「大切な仲間がいる場所」といった記述に象徴される。また、「同じ人間であり、同じようなことを考えている」と対等性や共感を意識するようになることによって、「沖縄人などと呼ぶ人もいることに憤りを覚え」たりもするようになっている。

　前項でも述べた固有名詞の認識や具体的個人を通じた戦争認識が体験的・交流的に取得されることにより人とのむすびつきが強く深くなることは、毎回の沖縄ピースツアーの目的であり、今回も同様である。これはすでに述べたように、証言者との対話、学生同士の交流、宿のスタッフとの楽しい時間、の3つを通して沖縄の人々との出会いと交流を通したつながりが深められた結果と考えられる。

7） 仮説7は「ツアーへの参加により、平和のロールモデルが見いだされるであろう」という予測であるが、これも支持されたと言えるだろう。

　原文を見ると、とりわけ学生ガイドについては、「自分と同年代の人たちがやっていることが純粋にすごいと感じた」だけでなく、「生き方、考え方、接し方、見習うところが多く」「解説の仕方、研究熱心さを学びたい」「この訴える・伝える力を自分達も勉強しなければならない」「話し方一つとっても惹き付けるものがあり」「とても嫉妬したし、私の目指すべきところである」等と多くの参加者が記述している。

8） 仮説8では「ツアーへの参加により、平和の問題・沖縄の問題に関わっていこうとする主体性やモチベーションが高められるであろう」と予測したが、これも支持されたと言えよう。

　現地学習の際、「仮に当時私が同じ状況におかれていたら」「私もこの時代を生きていたら」「自分だったらと重ねて考えてもみました」というように自分に引きつけた積極的・主体的な学習態度が見られた。また、将来に関わっても「今回体験したことを踏まえ、伝えていく事がとても重要な使命」

「これから教師になり、子どもたちに"平和とは何か"をどう伝えていけばいいのか」「もっと戦争について知識をつけ、自分が教員になった時に子どもたちの心に響く戦争の学習をしていけるようになりたい」「伝えていくのが、沖縄の地で学び、考えてきた私たちに出来る事」「今後も何とか機会を作り沖縄の学習をしたい」他方、基地問題についても「今一番に考えなければ将来もう二度と取り返しのつかない、つまり基地が沖縄から無くなることがない状況が生まれてきてしまうかもしれない」という切迫感を伴って考えようとしている。

　以上から、8つの作業仮説は概ね支持されたと言うことができる。ただ、仮説1については、抽象から具体へという変化のみならず、具体から一般化（抽象）という側面の変化も存在することが示唆され、認識の変化のプロセスをより詳細に検証する課題が残された。
　これらにより、本ツアーにおける獲得目標の(1) 実感を持って自らに引きつけて問題を受け止め、(2) 新たな問題・新たな課題を発見し、(3) 沖縄や平和の問題に関わり続けようというモチベーションが高められ、自らの次の活動がエンカレッジされるという諸点は、全体的として達成されたと言えよう。

(2) 総合的考察

　岡本（1993）は、平和学において「現場で」あるいは「現場から」学ぶ現場主義が重要である理由について、大学で学んだ理論を机上の空論に終わらせないためばかりでなく、①知識が体験によって裏打ちされること、②全体の中での知識の位置が確認され、他の諸問題と関係づけられること、その結果、③知識に方向性が与えられることによって、より深い、有効な知識となることを目指しているからであると指摘した。そして「限りなく理論と実践の統一を求める平和学の方法論」であると述べて「エクスポージャー」と呼

ばれる現場研修を提唱した。岡本は、従来の社会調査を「主体→客体」という一方的な関係の下に、調査対象を研究者の理論的枠組に合わせようとするものと性格付ける。それに対し、「ある状況の中へ身をさらし、相手の世界観の中へ自分をさらけ出す」エクスポージャーという方法が「両者が共に主体として教え合い、学び合うという相互的な関係」の下で、「相手もまた本当の自分をさらけ出し、エクスポーズしてくれるという相互関係でもあり、ここに本当の親愛関係が生まれる」として、この学習方法のプロセスは、状況から学び、相手から教えられる「学びの方法」であると共に「平和の実践」でもあることを指摘した。

　本研究で紹介した沖縄ピースツアーはまさにこの「エクスポージャー」の体験であるといえる。事前学習での知識が、沖縄戦や基地の現場での体験で裏打ちされ、「相手の世界観」をくぐって、自分が学ぶ意味が実感されているように思われる。

　沖縄の人々との関わりを、一方的な調査、一方的な学習にとどめず、「共に主体として教え合い、学び合う」相互的な関係のもとに「平和の実践」に変えていくことは、冒頭で述べたように、ゼミのピースツアーにおいて重視してきたものである。前述の結果・考察で述べたように、少なくとも学生ガイドとの関係については、共同でガイドプランを組み立てるワークショップを行い「現地の人と意見を出し合い学べた」ことにより、「お互いが気がつく視点が違う」ことに気づきながら学び合う関係に近づいたのではないかと考えられる。今後、学び合いの関係を深める方法論の研究を、現地と共同で研究していきたい。さらに、沖縄戦の体験を受け継ぐ中での「学び合い」の方法論については、さらに多くの研究課題があると思われる。

　次に、竹内（2009）は平和教育学の構築の試みの中で、戦後日本の平和教育を考察し、平和教育を受けた学習者の中に「三つの乖離」、すなわち、(1) 過去の戦争と現在の戦争の乖離、(2) 遠くの暴力と身近な暴力の乖離、(3) 平和創造の理念と生の現実との乖離が存在すると指摘している。その原

因として過去や遠くの暴力の問題を自分とつなげる「想像力」が養われない平和教育、暴力を阻止し、非暴力的方法に確信を持つ「創造力」が育まれない平和教育の問題点が挙げられている。これらの指摘を本研究と対応させると、本研究では、第一に、沖縄というフィールドワークにおいて過去の戦争が現在にも継続していることを学生が学んだこと、第二に、ともすれば本土で小さく扱われ知られることの難しい、いわば遠くの沖縄がピースツアーを体験することにより身近になったこと、そして第三に沖縄に端的に現れている戦争体験の継承問題や軍事基地の不合理性を改善していく課題が自分の問題として内面化されたことが指摘できる。

　竹内（2009）はまた、前者の「想像力」を育む方法として、戦争体験者と非体験者が水平的に向き合う「語り継ぐ」場の設定や、「もし自分が」という問いかけを「歴史の構造的理解」「歴史創造の主体性獲得」へとつなげていく歴史学習の方法、自然・歴史・文化と人間の営みのすばらしさに触れながら、それを破壊する戦争の残酷さをリアルに浮かび上がらせる現地学習などを提唱している。上述のように、本研究での参加学生たちは、「もし自分が」という自問自答をしながら現地の証言を受け止めようとしながら、また、自然・文化・人間の魅力に多面的に触れながら、このような過去の問題に対する「想像力」を成長させていったことが明らかにされたと言えよう。

　後者の「創造力」を育む方法としては、法や民主主義・参加といった非暴力的方法によって暴力を平和へと転換できる確信を持てるような、政治教育、生活指導、特別活動の蓄積に着目している。この教育課題については、本ピースツアーの中では、教科書問題や基地問題に対する非暴力的抵抗を続ける人々の活動として接しているのであるが、その活動の意義をツアーの前後でどう発展させていくかは、今後の課題として残されている。

　さらに、平和心理学の観点から、石原・伊藤（1997）、伊藤（1997）は、沖縄平和学習旅行および「日韓平和と交流のための体験学習旅行」に参加した学生の反応の変化を、事前・事後の質問紙を用いたPAC分析等によって検

証した。そこでは、現地において体験者の証言を聞くことや、学生との相互交流によって、国・地域・住民といった学習対象に関する抽象的・一面的・否定的イメージが具体的・総合的・肯定的イメージにシフトすることが見いだされた。この傾向は、沖縄を対象とする本研究でも確かめることができた。

(3) 本研究の限界と意義

　本研究の限界は、教育的課題を8つの仮説として、それぞれが検証されたかどうかを事前事後のアンケートと事後の感想文を通して明らかにする方法そのものにある。すなわち、学生の表現した文章が、そのまま学生の変化や心情を反映しているかどうかという問題である。すべての質問紙調査法の問題と同様に、社会的望ましさが混入する問題や、教師との関係性において教師からの期待に応えるなどのバイアスがかかっている点に注意すべきであろう。第二に、テキストマイニングによる量的把握を行ったが、参加人数の少なさの制約があった。これは効果的な体験学習のためには、少人数のメリットがあったことの裏側である。本研究での「仮説検証」ということをもっと強力に主張するためには、さらなる量的データによる検証が求められよう。第三に、小中高を含め他の沖縄平和学習の諸活動との共通性と差異性を追求することが今後の課題として残されたことである。

　とはいえ、本研究では、沖縄というフィールドワークにおいて3つの獲得目標における8つの教育的課題（仮説）を提起し、それらが、事前事後のアンケートと事後感想文による表現された文章を対象としたテキストマイニングによる量的分析により、確認・検証された意義は大きい。

註
（1）春休みは3年生の就職活動時期と重なるようになったため、2012年度以降は夏休み中に実施している。

文献

Adams, D.(1986). The role of anger in the consciousness development of peace activists: Where physiology and history intersect. *International Journal of Psychophysiology*, *4*(2), 157-164.

Adams, D.(1995). *Psychology for peace activists: A new psychology for the generation who can abolish war*(Revised ed.). New Haven, CT: The Advocate Press.

クレスウェル,J.W.(操華子,森岡崇訳)(2007).研究デザイン：質的・量的・そしてミックス法　日本看護協会出版会.

クレスウェル,J.W., V.L.プラノ・クラーク(大谷順子訳)(2010).人間科学のための混合研究法：質的・量的アプローチをつなぐ研究デザイン　北大路書房.

大東文化大学文学部教育学科演習問題委員会(編)(2010).2011年度向け　教育学科演習案内　大東文化大学文学部教育学科.

石原静子・伊藤武彦(1997).体験学習旅行が学生に持つ体験の意味の実証的研究　和光大学人間関係学部紀要,1,89-98.

伊藤武彦(1997).体験学習旅行の平和心理学「日韓平和と交流の旅」とその効果　古澤聡司・入谷敏男・伊藤武彦・杉田明宏　語りつぎ未来を拓く平和心理学　法政出版,pp.149-178.

いとうたけひこ・杉田明宏・井上孝代(2010).コンフリクト転換を重視した平和教育とその評価：ガルトゥング平和理論を主軸にした教員免許状更新講習　トランセンド研究,8(1), 10-29.(本書第4章)

金　明哲(2009).テキストデータの統計科学入門　岩波書店.

岡本三夫(1993).平和学を創る：構想・歴史・課題　平和図書 No.9　財団法人広島平和文化センター,29-34.

杉田明宏(2001).平和のロールモデル論　心理科学研究会(編)平和を創る心理学：暴力の文化を克服する　ナカニシヤ出版,pp.116-130.

杉田明宏(2006).沖縄・平和ガイドの平和心理学的考察　心理科学,26(2),30-47.(本書第1章)

竹内久顕(2009).平和教育をつくり直す　君島東彦(編)平和学を学ぶ人のために　世界思想社,pp.36-53.

UNESCO(1945). *Constitution of the United Nations Educational, Scientific and Cultural Organization*. United Nations.

【付録】

付録A　2011年度杉田ゼミ　募集要項
（＊著者注：前年度秋に提示・説明・募集し、受講生を確定するための文書）

平和の学びを創る
一人ひとりの可能性を開花させる平和学習の理論と実践

虐待、体罰、偏差値競争、不登校、いじめ、自殺、差別、人権侵害、経済格差と貧困、飢餓、環境破壊、紛争・戦争――私たちの社会には、子どもたち（おとなも）一人ひとりの心身の可能性の開花を妨げるさまざまな力があふれています。このような力を平和学では「暴力」と呼びます。

　暴力は、人を殴る・殺すといった直接的行為だけでなく、多くの人に「生きづらさ」をもたらす社会の仕組みや、それらを正当化する態度や価値観をも含めてとらえなければなりません。それら全体は「暴力の文化」と言い換えることもできます。

　このゼミでは、「暴力の文化」と向き合い、私たち一人ひとりの可能性を開花させる「平和の文化」へと転換する学び方について体験的・理論的に考えていこうとしています。

　ところで、教育学科において、なぜこのような学びが大切なのでしょうか？

　卒業生の多くは、学校・福祉・海外協力等の現場で人間発達の援助者になっています。どんな条件にある子どもでも（もちろん大人でも）、安心して学び、成長して行くことができる環境条件を創り出すことは、教育者・発達援助者の基本的使命といえます。それぞれの現場に存在する暴力に気づき、その状況をどのように変えていくことができるかを考え、行動する力が必要とされます。教育学科において、上述のような意味での「平和」について学ぶことは、その力を養うことになるでしょう。

　逆に、こうした「暴力の文化」の存在に気づき、抵抗し変えていく観点と力を養っていかないと、自分の主観の中ではどんなに「子どもたちのために」、「よかれと思って」、「いっしょうけんめいに」やっていると思ったとしても、結局は、困難に直面している子どもたちを救うことはできず、逆に追い詰めることに手を貸してしまっていた、ということになる危険性があると私は考えています。この危険性は、残念ながらますます高まっていると言わざるを得ません。

　さて、このような目標を達成するために、ゼミでは、次のような学習活動に取り組んでいます。

（1）前期は暴力と平和に関する基礎的な学習に取り組み、それを踏まえて後期は平和

第 2 章　沖縄ピースツアーの効果と意義

学習の教材やプログラムづくりにチャレンジします。それとともに、年度末ピースツアーの事前学習にも力を入れます。ゼミでは、年間を通じて大小のフィールドワークを重視しています。戦争遺跡・基地・資料館・体験者等の「平和資源」を活用し、多角的・総合的な体験型の学びを実施しています。毎年、新学期、夏休み等に、丸木美術館、埼玉県平和資料館、第五福竜丸展示館、東京大空襲戦災資料センター、松代大本営跡（長野）・無言館、ジョン・レノン・ミュージアム、横須賀米軍基地、千葉・館山戦争遺跡群等を訪れてきました。学習の総まとめとしてのピースツアーは、1996年度および 1998 〜 2010 年度に沖縄、1997 年度、2007 年度（1 年に 2 回実施した内の 1 回）は広島を目的地に選んできました。

＊なお、フィールドワークとピースツアーは基本的に全員参加。そのため通常ゼミ時間以外の日程確保と実費負担が生じることを必ず考慮に入れてください。

また、ゼミでの学習・研究成果を社会的に還元・発信・実践できる方法も研究・実践しています。これまで、「平和のための埼玉の戦争展」「埼玉ピースカレッジ」「板橋いのち・ふるさと・平和のつどい」、大東祭などに参加し、浦和や板橋の地域の方々とともに展示、発表、コンサート開催等に取り組んできました。このような大学の枠を越えた出会いから学ぶことも大切にしています。

最近では、平和学習のスキルを身につけることも重視して、ワークショップ型の授業方法を学習し、また、実際に自分たちで授業実践にチャレンジしています。09 年度は大東一高にて、沖縄の基地問題をテーマとした模擬授業を実施させていただきました。

(2) こうした集団的学習研究活動と並行して、一人一人の研究テーマをゼミ論（必修）・卒論（選択）の形で追究します。テーマは基本的に自由ですが、ゼミでの学習と直接あるいは間接的に関係しているケースが大多数です。3 年生のゼミ論を 4 年生の卒論に発展させる形が望ましいでしょう。

＊最近の論文テーマ：「平和的な紛争解決スキル獲得への支援における一考察」「協同学習の成果と可能性に関する一考察」「若者の憲法意識に関する一考察」「中国・韓国の学校教科書におけるアジア太平洋戦争期記述の検討」「アーティストが伝える平和への願い」「メディアリテラシーの力をつける」「飢餓の構造と援助」「ブータンの幸福度」「戦争被害者の PTSD」etc.

◆ 定員：最大で 8 人

付録B　事前テスト

1（2/13）南部戦跡フィールドワークで期待すること（感じたいこと・考えたいこと）
2（2/14）座間味島フィールドワークで期待すること（感じたいこと・考えたいこと）
3（2/15）米軍基地フィールドワークで期待すること（感じたいこと・考えたいこと）
4（2/15）沖縄の学生との交流で期待すること（感じたいこと・考えたいこと）
5（2/17）グループ活動で期待すること（感じたいこと・考えたいこと）
6 その他、全体を通じて期待すること（感じたいこと・考えたいこと）
7 沖縄は、いま自分にとってどのようなところだと思いますか？
8 杉田ゼミで沖縄に行った経験　　今回で［　　］回目 9 過去に杉田ゼミ以外で沖縄に行った経験［　　］回→何年生時？［　　］ 10 名前　　　　　　　　11 年齢（　　　）歳　　　12 性別［男　女］

付録C　事後テスト

1（2/13）南部戦跡フィールドワークで印象に残ったこと（感じたこと・考えたこと）
2（2/14）座間味島フィールドワークで印象に残ったこと（感じたこと・考えたこと）
3（2/15）米軍基地フィールドワークで印象に残ったこと（感じたこと・考えたこと）
4（2/15）沖縄の学生との交流で印象に残ったこと（感じたこと・考えたこと）
5（2/17）グループ活動で印象に残ったこと（感じたこと・考えたこと）
6 その他、全体を通じて印象に残ったこと（感じたこと・考えたこと）
7 沖縄は、いま、自分にとってどのようなところだと思いますか？
8 今回の沖縄で出会った人で印象に残った人は誰ですか？お名前とその理由は？
9 今回のツアーについて、こうしたかった、こうすれば良くなるという改善点は
10 名前　　　　　　　11 年齢（　　）歳　　12 性別［男　女］

第3章

沖縄の各都道府県別の慰霊塔・碑の特徴
テキストマイニングによる分析

1　はじめに

(1) 沖縄戦と慰霊

　沖縄戦は日本で行われた唯一の地上戦であり、23万人以上の犠牲者を出した。一番犠牲者が多かったのは沖縄県民であるが、各県から兵隊として派遣された兵士の被害も大きかった。それらの人々を慰霊するために、各県ごとに慰霊塔が建立されている。表Aは大田平和研究所（2005）による沖縄戦の犠牲者であり、それによると県外者も多数死亡しているが、そのほとんど

表A　大田平和研究所（2005）による沖縄戦の犠牲者数

	出身地	刻銘者数
日本	沖　縄　県	148,702
	県　　　外	76,549
外国	米　国（USA）	14,008
	英　国（UK）	82
	台　湾	34
	朝鮮民主主義人民共和国	82
	大韓民国	344
合　　　計		239,801

は兵士として戦死した人々である。

(2) 沖縄の慰霊の塔の種類

　元沖縄県知事の大田（2007）はその種類を、(1) 都道府県の「慰霊の塔」、(2) 守備軍将兵・無名戦士と住民を祀る「慰霊の塔」、(3) 職域・諸団体の「慰霊の塔」、(4) 男女学徒隊を祀る「慰霊の塔」、(5) 沖縄県内市町村の「慰霊の塔」の5つに分類している。また、沖縄県平和祈念財団（2007）はその種類を、(1) 大規模合祀・記念施設、(2) 都道府県関係、(3) 沖縄県・県遺族連合関係、(4) 戦友・遺族関係、(5) 同窓会・職域関係、(6) 市町村関係、(7) そのほかの団体関係、(8) 海外、の8つに分類している。いずれの場合も都道府県によって建立された塔は独自に分類されている。

(3) 都道府県別の沖縄の慰霊塔

　各県別の慰霊塔は激戦地であった南部地域に集中している。なかでも平和祈念公園の中に多くの塔が集中している。一つ一つに差はあるものの、敷地面積は比較的大きく取られているものが多い。

(4) 沖縄平和祈念財団（2007）の調査

　沖縄平和祈念財団（2007）には都道府県別のものを含め、沖縄戦にまつわる慰霊碑が網羅されている。本書は、以下のような趣旨で調査・出版されていた。

　　「沖縄県は、太平洋戦争において国内唯一、一般市民をまきこんだ悲惨な戦場となり、多くの尊い生命、財産及び文化遺産が失われました。戦後、戦没者の遺骨収集作業は、いちはやく地域住民、各市町村等により組織的に取り組まれるとともに、各地域において戦没者の御霊を弔うため納骨所や慰霊塔・碑が建立されました。

終戦から62年を経て当時の関係者や御遺族が高齢化、減少する中、悲惨な沖縄戦の体験を風化させることなく、戦争の歴史的教訓を次世代に正しく伝えるためには、沖縄県内にある慰霊塔・碑を永久に尊厳保持していく必要があると考えております。」　　　　（「はしがき」より）

　この本では、都道府県別の慰霊碑は見開き2ページで紹介されている。そして、各県に記録があるためか、合祀者数などの細かいデータが示されている。沖縄戦では全県からの兵士が闘っており、これらの慰霊碑はその犠牲の凄まじさをあらわしているともいえる。本研究では、これらの慰霊碑のデータや碑文を分析することにより、沖縄県外からの沖縄戦犠牲者数などの客観的データとともに、慰霊碑の文面の意味にも着目し、都道府県立の沖縄戦慰霊碑の特徴を明らかにしたい。

2　本研究の目的と方法

　本研究の目的は各都道府県が沖縄の地に建立した慰霊塔のデータを分析することにより、慰霊塔の持つ意味を明らかにすることである。誰を慰霊しているのか、いつ頃建立されたのか、建立の経緯、碑文の内容、それらの相互関係などを分析する。

研究対象：沖縄県平和祈念財団（2007）が調査した各都道府県の慰霊碑の記述（pp.30-121）。
手続き：研究対象の文章をテキスト化し、テキストマイニングを行う。
分析方法：テキストマイニングのソフトである Text Mining Studio Ver.3.2 を利用して単語頻度などの分析を行う。

3　結果と考察

(1) 全体的な傾向

　表1をみると、沖縄戦戦没者のみが合祀されているのは、滋賀県、兵庫県、和歌山県、熊本県、京都府、島根県、大分県、愛媛県、鹿児島県、福岡県、の10県（約22%）であった。

　県全体の戦没者を慰霊しているのは、宮城県、岩手県、山形県、福島県、香川県、長野県、三重県の7県であった。残りの29都道府県は沖縄戦戦没者と南方諸地域の合祀を行っていた。したがって、8割近くの県が沖縄戦以外の戦死者も合祀していた。

　表3において総行数46とあるのは、沖縄県を除いた全国の都道府県の数である。各都道府県の慰霊碑の説明に用いられている異なる単語（内容語）数は2011で、内容語総数は3800単語であった。語彙の豊富さを表す指標である、タイプ・トークン比（金, 2009）は0.72であった。

(2) 建立年

　図1は、各都道府県の慰霊塔の建立年をグラフにしたものである。1964年-1966年に建立が集中しているがわかる。なお、本研究では、ここから建立時期早期（1954-1963）と建立時期中期（1964-1966）と建立時期後期（1967-1976）に分けて分析を行った[1]。戦後、20周年という節目に、渡航が大変だったにもかかわらず、建立ラッシュが起こったことが本研究の結果でも示されている。各都道府県が競争をするように建立したという事情が推察される。

　北海道が最初に建立した背景について、大久保（2009：p.173）が以下のように説明している。

第3章　沖縄の各都道府県別の慰霊塔・碑の特徴

表1　敷地面積、合祀者数

	敷地面積（㎡）	合祀者合計（柱）	沖縄戦戦没（柱）	南方諸地域（柱）
合計	61,673	1,226,333	77,591	970,330
平均値	1340.7	26659.4	1644.8	27723.7
最大値	8000 （東京都）	103500 （東京都）	10850 （北海道）	97000 （東京都）
最小値	314 （大分県）	839 （和歌山県）	432 （秋田県）	168 （石川県）

表2　管理団体

	件数	パーセント
都・県	19	41.3
遺族会	19	41.3
奉賛会	6	13
管理委員会	2	4.3

表3　テキスト基本情報

総行数	46
平均行長（文字数）	229
総文数	560
平均文長（文字数）	18.8
延べ単語数	3800
単語種別数	2011

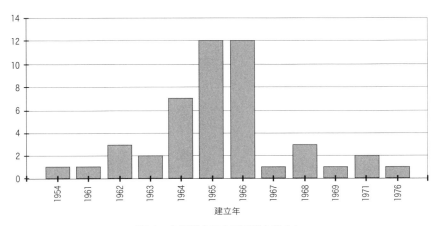

図1　各都道府県の慰霊塔の建立年

32軍は47都道府県すべての出身者で構成されていました。沖縄戦最後の激戦地になった糸満市にある平和記念公園の「平和の礎」には、御影石に全戦没者（米兵や朝鮮人を含みます）の名前が刻まれています。周辺には、全県の慰霊塔があります。遺族ら関係者が毎年供養に訪れ、修学旅行生とともに沖縄南部戦跡観光を支えています。32軍の県別構成は、沖縄以外では北海道が圧倒的に多く、平和の礎にも北海道出身者だけが県名ではなく「石狩」「十勝」などと支庁ごとに並んでいます。都道府県別の戦没者数は北海道が1万787人。次いで福岡が4013人、東京が3490人、兵庫が3196人、愛知が2970人で、1000人以上の死者を出している都道府県が28に上ります。

　北海道出身者が多いのは、満州に配備されていた北海道・東北の兵士主体の第24師団が沖縄に送り込まれたからです。おそらくほとんどの人は初めて沖縄に来たのでしょう。沖縄戦が激化し、最終局面を迎える5月から6月にかけての沖縄は、1年で最も過ごしにくい梅雨の季節です。高温多湿なうえ、雨と同時に風が吹き、ちょっとした嵐のようになることもあります。兵隊や住民は猛烈な蒸し暑さに耐え、泥まみれになり戦い、逃げまどったんだと思います。極寒の地に生まれ育った兵隊たちは初めて体験する暑さの中、地獄のような日々だけを過ごして死んだわけです。

以上のような経過から北海道の碑である「北霊碑」が北海道より全国に先駆けて1954年に建立されたのである。

(3) 単語頻度

単語頻度について見てみよう。図2-1は品詞を絞らず建立の経過、塔の由来、碑文を単語頻度解析にかけた結果である。ここから「塔」という名詞は、46都道府県のうちの35県（76%）が使っていた。「平和」という単語を使っ

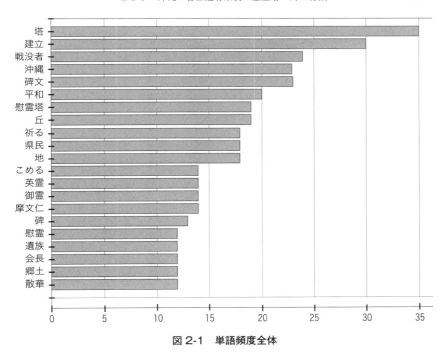

図 2-1　単語頻度全体

ていたのは 20 県（43%）であり全体の半分以下であった。

戦争についての単語を原文参照して前後の表現に注目したところ、以下の結果となった。

「太平洋戦争」9 県、「大東亜戦争」7 県、「戦争」5 県、「第二次世界大戦」3 県、「さきの大戦」2 県、「沖縄戦」1 県、「今次大戦」1 県であり、確認できなかった県が 17 県あった。

図 2-2 は品詞を名詞だけに指定して、図 2-1 と同様に、単語頻度解析を行ったものの結果である。「塔」、「建立」という単語を使っている県が非常に多かった。また、「祖国」、「南方諸地域」、「郷土」など場所を表す単語を使っている県が多いことも分かった。

図 2-3 は品詞を動詞に指定し、単語頻度解析を行った結果である。「祈る」

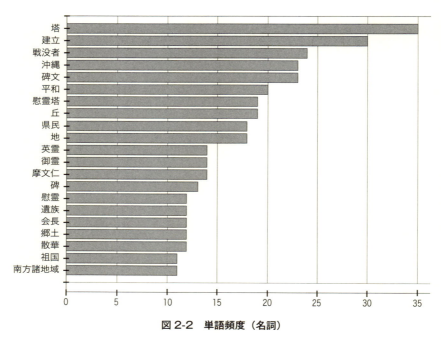

図 2-2　単語頻度（名詞）

という動詞を使っている県が多かった。また死にゆく事の表現として、「散華」という名詞を使っている県が多く、「殉じる」という動詞を使っている県は少なかった。

　図 2-4 は品詞を形容詞、形容動詞語幹に指定し、ほかの図 2 と同様に単語頻度解析を行った結果である。どの単語よりも圧倒的に「平和」を使っている県が多いことがわかる。しかし県の数をみると、20 と半分以下の県にすぎないことも明らかになった。

(4) 建立時期と単語頻度

　1964 年〜 1966 年に建立が集中しているので、建立時期早期（1954 〜 1963）と建立時期中期（1964 〜 1966）と建立時期後期（1967 〜 1976）に分けた上で、図 3-1 は初期、中期、後期のどの時期にどの単語が多く使われている

第3章 沖縄の各都道府県別の慰霊塔・碑の特徴

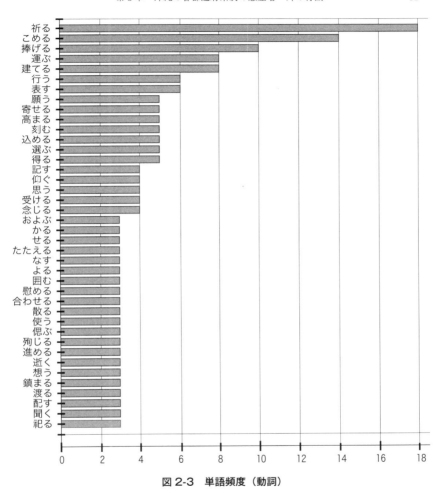

図2-3 単語頻度（動詞）

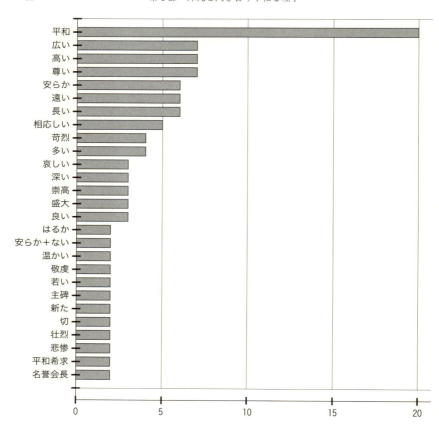

図 2-4 単語頻度（形容詞と形容動詞語幹）

第 3 章　沖縄の各都道府県別の慰霊塔・碑の特徴

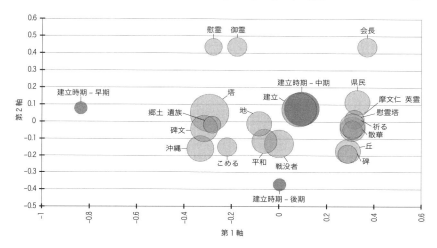

図 3-1　対応バブル分析：建立時期と単語頻度（全体）との関係

のかについて、すべての内容語について品詞分けせずに、対応バブル分析を行った結果である。バブルの大きさは頻度を表し、バブル間の距離は関連性の強さを表している。「摩文仁」、「英霊」、「祈り」、「散華」、「平和」という単語は早期との距離が大きいことから、建立時期早期にはこれらは使われていない単語であることが分かる。

図 3-2 は建立時期に分けて、品詞を動詞だけ指定し、対応バブル分析を行った結果である。ここから、建立時期後期に「散る」、「渡る」などの動詞が使われているが、建立時期早期、中期にはほとんど使われていないことがわかった。

図 3-3 は他の対応バブル分析と同様に建立時期別にし、品詞を形容詞と形容動詞語幹名詞に限定した単語を分析した結果である。建立時期早期には「壮烈」などの単語が使われているが、中期、後期には「平和」や「安らか」など穏やかな単語が多いことが分かった。

表 4 はどの単語がどの時期に多く使われているかを示している。建立時期

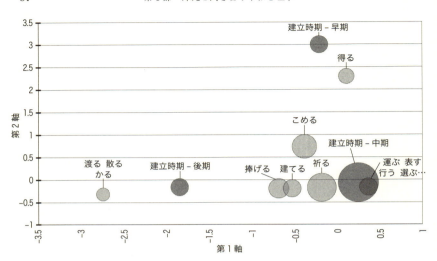

図 3-2　対応バブル分析：建立時期と動詞

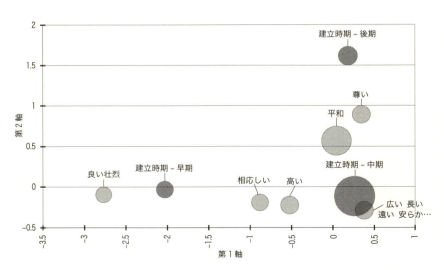

図 3-3　対応バブル分析：建立時期と形容詞・形容動詞語幹（名詞）の頻度
建立時期と形容詞・形容動詞の関係

第 3 章　沖縄の各都道府県別の慰霊塔・碑の特徴

表 4　単語頻度年次推移

	単語	品詞	1954	1961	1962	1963	1964	1965	1966	1967	1968	1969	1971	1976	合計
1	塔	名詞	0	1	3	2	6	12	6	1	2	0	1	1	35
2	建立	名詞	0	0	1	1	5	9	10	1	1	0	1	1	30
3	戦没者	名詞	0	0	1	1	2	6	9	0	3	0	1	1	24
4	沖縄	名詞	1	0	2	1	3	6	5	0	2	0	2	1	23
5	碑文	名詞	1	1	1	1	4	4	7	1	2	0	1	0	23
6	平和	名詞	0	0	1	1	2	6	6	0	1	1	1	1	20
7	慰霊塔	名詞	0	0	1	0	1	4	10	0	2	0	0	1	19
8	丘	名詞	0	0	1	0	2	7	5	1	1	0	1	1	19
9	祈る	動詞	0	0	1	0	3	6	5	0	2	0	1	0	18
10	県民	名詞	0	1	0	0	3	6	6	1	0	0	1	0	18
11	地	名詞	0	1	1	0	3	6	4	1	1	1	0	0	18
12	こめる	動詞	0	1	0	1	1	2	6	1	1	0	1	0	14
13	英霊	名詞	0	1	0	0	1	4	6	0	1	0	1	0	14
14	御霊	名詞	1	0	1	0	1	4	6	0	0	0	0	1	14
15	摩文仁	名詞	0	0	1	0	3	4	4	0	1	0	0	1	14
16	碑	名詞	0	0	0	0	2	5	3	0	1	1	1	0	13
17	慰霊	名詞	0	0	1	1	4	2	3	0	0	0	1	0	12
18	遺族	名詞	0	1	0	0	1	4	6	0	0	0	0	0	12
19	会長	名詞	0	0	0	0	2	5	3	0	1	0	1	0	12
20	郷土	名詞	0	1	0	1	2	3	3	0	1	0	1	0	12
21	散華	名詞	1	0	0	0	0	4	5	1	1	0	0	0	12

表 5　建立時期ごとの特徴語抽出

早期

	単語	品詞	属性頻度	全体頻度	指標値
1	昭和 37 年	名詞	3	3	12.979877
2	良い	形容詞	3	3	12.979877
3	とげる	動詞	2	2	6.71886
4	機会	名詞	2	2	6.71886
5	昭和 36 年	名詞	2	2	6.71886
6	壮烈	名詞	2	2	6.71886
7	出身	名詞	3	6	4.29408
8	命名	名詞	3	6	4.29408

後期

	単語	品詞	属性頻度	全体頻度	指標値
1	昭和 43 年	名詞	3	3	12.025491
2	恒久平和	名詞	2	2	6.204552
3	昭和 46 年	名詞	2	2	6.204552
4	同胞	名詞	2	2	6.204552

※ Yates 補正 χ 二乗検定で 5% 水準で有意が出た単語のみ抽出。

中期以降に建立時期前期には使われていない単語が使われている。「平和」という単語は建立時期中期以降に多く使われている。

　表5は早期、中期、後期の3つの時期に分けた建立時期で、その時期にのみ出現頻度が高い単語（特徴語）を分析した結果である。建立時期早期では建立された塔・碑の数は多くはないが、特徴とされる単語が多数存在する。建立時期中期では、建立された塔・碑は多いが、特徴があるとされる単語はなかったので表5から外した。

(5)「京都の塔」と「群馬之塔」

　次に、原文を参照することにより、沖縄県民・住民に各慰霊碑がどのような言及をしているのかを見た。まず、碑文に沖縄県民または沖縄住民を入れているのは「京都の塔」と「群馬之塔」の2基のみであった。

　群馬の塔では以下のように表現されていた。

　　　大東亜戦争における沖縄での戦いは、当時、日本軍と全沖縄県民が一体となってあたり、その激戦の様相は、非常に凄絶なものがあった。この戦場となった現地に沖縄と南方諸地域などで戦死した群馬県出身の戦没者を慰霊し、併せて世界平和を祈念するため、「群馬の塔」が建立された。

このように群馬之塔では、軍と沖縄県民の一体感が強調されていた。
　次に京都の塔の碑文の該当箇所を見てみよう。

　　　昭和20年春沖縄島の戦いに際して、京都府下出身の将兵2530有余の人びとが遠く郷土に想いをはせ、ひたすら祖国の興隆を念じつつ、ついに砲煙弾雨の中に倒れた。また多くの沖縄住民も運命を倶にされたことは誠に哀惜に絶へない。とくにこの高台附近は主戦場の一部としてその

第3章　沖縄の各都道府県別の慰霊塔・碑の特徴　　　　　　　　87

戦闘は最も激烈をきわめた。　星霜19年を経て今この悲しみの地にそれらの人びとの御冥福を祈るため、京都府市民によって「京都の塔」が建立されるにいたった。再び戦争の悲しみが繰りかえされることのないよう、また併せて沖縄と京都とを結ぶ文化と友好の絆がますますかためられるようこの塔に切なる願いをよせるものである。

　　昭和39年4月29日

　このように京都の塔では、沖縄住民の被害についての共感と友好の絆を強調しており、群馬之塔と対照的な内容であった。

(6) 都道府県立の沖縄慰霊塔の評価

　和光小学校の沖縄学習を企画・組織した丸木（1996）は、京都の塔について次のように述べている。「沖縄の各地に建つ慰霊の塔の多くが、日本軍の「勇戦敢闘」を謳い上げるものであるのに、この塔だけには異例にも住民の被害にも心をよせている」(p.185)。また、大田（2007：pp.34-35）は、「……沖縄には、沖縄を除くすべての都道府県の慰霊の塔が立っていますが、そのうち、地元住民の犠牲について触れたのは二基しかありません。そのひとつ、宜野湾市にある京都の塔の碑文は、次のようになっています。（中略）この京都の塔の碑文は、あくまで例外的なものでしかありませんでした。」と沖縄の立場から、京都の塔を評価しつつ、他の塔を批判している。

　この様な都道府県立の沖縄慰霊塔に対しもっとも辛辣な記述は岡本太郎による次のような慰霊碑の芸術性と政治性の批判であろう（岡本，1996：p.225）。彼はまず、都道府県の慰霊碑の芸術性について、金はかけているがセンスがないと批判している。

　　"ひめゆりの塔"のあたりは見ちがえるように整備され立派になっている。そこを過ぎてゆくと、ある、ある。両側にいくつも、いくつも、

かなり宏壮な敷地に、規模の大きい、異様な記念塔が構えている。デカデカと相当の金をかけたものばかりだ。それにしても、そのデザイン、珍無類なこと噂にたがわず。正気の沙汰とは思われない。地方官僚とか政治ボスなどがいかに美に対してセンスがないかがわかる。まさにグロテスク・デザインのコンクールだ。
　ああ、ここに代表された無神経「日本」。

次に、岡本太郎は各県での政治利用の問題を指摘している。

　聴けば地方選挙を控えて、昨年後半あたり急にぞくぞくと建ちだしたのだという。碑の除幕式、戦没者慰霊を名目に、県議員だとか地方政界のボスどもが公務出張、つまり税金によるご招待の一大観光団体を組織してやってくる。序幕の模様をテレビに写させたり、オオッピラな事前運動だ。ところが、かんじんの遺族たちは旅費自弁なのだ。そんな話を聞くと、ここにもはい出している"黒い霧"。政治骨がらみの毒に、憤りをおぼえる。

岡本太郎はこのように述べ、慰霊碑の非芸術性と政治的性格を激しく批判したのである。
　このような批判とは対照的にアイヌ兵士と住民の絆である「南北の塔」について、安仁屋（1997：p.59）は、次のように紹介している。

　沖縄本島南部の激戦地に真栄平という部落があります。一九四五（昭和二〇）年の六月半ば、この一帯では、アメリカ軍の猛攻をうけた日本軍が住民避難地域に入りこみ、すさまじい住民虐殺が行われました。真栄平の人口約九〇〇人のうち、生き残ったのは三九四人。全戸数一八七戸のうち五八戸は一家全滅です。このなかにあって、逃げまどう住民に特

別の配慮をしてくれた日本兵の一団がありました。これが北海道出身の第二師団に属するアイヌ兵士でした。軍隊の中でも少数民族として差別され、虐げられていたアイヌ兵士たちは、日ごろから真栄平の人たちと心の交流がありました。虐殺の場面にであって、アイヌ兵士たちは体をはって住民をかばったのでした。

　この慰霊塔は、都道府県の塔ではないが、おなじマイノリティ同士であるアイヌとの交流という意味で、特筆すべきモニュメントであるといえよう。
　最後に、沖縄戦の犠牲者と現代の戦争との関連性について目取真俊（2005：p.93）の実母の発言を引いての発言が注目される。

　母の言葉を聞いた後考えたことがあります。それは沖縄戦のときに洞窟に潜んでいた日本兵や住民と、アフガニスタンの山岳部の洞窟に潜んでいたタリバン兵や住民の類似性です。圧倒的な武力の差を前に、地の利を生かしてゲリラ戦を挑むしかない。しかし、それも難しく洞窟の奥で米軍の攻撃に耐えている。それに対して米軍は無差別の爆撃やミサイル攻撃を行っている。そういう構造が沖縄戦とアフガニスタンそっくりではないか。そして、米軍の攻撃も同じような発想で行われているのではないか、と思いました。

　沖縄戦を学ぶことは、過去の問題ではなく、現代のわれわれの政治や生活を別の視点から見ることにより、未来につながることなのである。ところが、すでにみてきたように、都道府県によって建立された石碑には、沖縄戦についての言及がほとんどみられない。むしろ、沖縄の地を借りての、都道府県別戦没者総体の慰霊碑の沖縄支所のような性格のものが多かった。これに対しては、地元では沖縄の「靖国化」という批判の声もある。せっかく沖縄にきても慰霊碑から学ぶことが少ないという残念な結果になっている。靖国化

を憂う人たちの立場からみると、むしろ誤った学びをしかねないのである。

4　慰霊碑研究の意義：考察の視点

　沖縄に点在する慰霊碑の評価に関して、その平和学的意味を、共同プロジェクト（Joint Project）という視点から考えてみたい。

　ガルトゥング（2008）によれば、共同プロジェクトとは、包括的な和解のプロセスの中で、暴力化したコンフリクトの加害者と被害者とが、暴力のトラウマを癒やし、争いに終止符を打ち、未来の建設のために、共に再建に携わったり、将来像を一緒に考えたりしていくことを重視する概念・実践である。

　沖縄戦問題に関する未解決のコンフリクトとしては、第1に日本兵・沖縄県民と米英兵間のものがあり、第2に日本兵と沖縄県民間のもの、第3に日本人と朝鮮半島・台湾出身者のもの、第4に沖縄県民どうしのものが挙げられる。これらは、それぞれ、今日にいたるまでトランセンド（超越）されないままに、和解と共生の課題を残しているといえよう。

　各都道府県の慰霊碑の内容の問題点を考察する上では、上記第2の本土出身の日本兵と現地沖縄の住民との間に生じたスパイ視、住民虐殺、強制集団死といったコンフリクトについて、どのように記述されているかがポイントになるであろう。

　この観点からすると、その点に触れられたものが「京都の塔」以外には見られない。それどころか、本土各都道府県出身者の犠牲者のみを取り上げて英霊化する傾向すら見られる。

　したがって、沖縄県民の中にある本土による暴力のトラウマは癒やされることなく、争いに終止符を打つことができず、未来の建設のために共に再建に携わり、将来像を一緒に考えていく関係が築かれているとは言い難い。このことは、沖縄平和資料館の改築時の展示替え問題、少女暴行事件を契機と

する安保体制問題、歴史教科書の強制集団死をめぐる記述・検定問題、大江・岩波裁判、米軍基地問題などのように、今日においても、沖縄・本土間のコンフリクトが繰り返し引き起こされる要因となっていると考えられる。

　過去のコンフリクトを克服し、沖縄・本土関係を和解と共生の方向へとトランセンドしていくためには、沖縄戦時のコンフリクトについての事実を無視・軽視することなく、非暴力と共感と創造性をもって、両者がその歴史的事実を共有し、記録しなおし、新たな記憶としていくための活動が求められている。

　本研究は、そのような共同プロジェクトの不在と必要性を浮かび上がらせる結果を示すものといえるだろう。

5　まとめ

　本研究では、以下のことを明らかにした。
① 　すべての都道府県が沖縄に慰霊碑を建立した。
② 　沖縄戦戦没者のみ慰霊した塔数は少なかった。
③ 　碑文を見ると「大東亜戦争」という戦前の表現を使った塔も見られた。
④ 　沖縄住民への共感と友好を謳った碑文は1基のみであった。
⑤ 　沖縄の慰霊碑は全般的に平和学習の対象となっているものの（村上，2009；大田，2007など）、都道府県ごとの慰霊碑は、京都の碑を例外として、平和学習の対象となるべき内容が明示されているものは少ない。その理由として、沖縄戦の戦没者に限定されていない慰霊碑も多く、沖縄戦の悲惨な実相についての内容を明示しているものが少ない。また、沖縄県民への言及が少なく、和解と共生の方法を学ぶトランセンド学習の観点からは教材として適切とは言い難い。

付記

　本研究の元のデータは、宮崎郁江「沖縄の各都道府県別の慰霊塔・碑のテキストマイニング」に依拠している。それは、数理システム社の2010年度学生研究奨励賞に提出され佳作入選した。

註

（1）建立時期については、村上（2009：p.100）の以下の説明が参考になる。「沖縄慰霊塔の建立時期については、戦後10年までが一つの山であり、もう一つは1965年と1966年を中心とした山である。これは、各都道府県が建立した沖縄慰霊塔（「都道府県慰霊塔」と記す）の建立がこの時期に集中したためにできたピークである。1965年は返還前で沖縄に行くのにパスポートを必要とし、まだ船による渡航が一般的で交通の便は悪かったが、戦後20年目という節目だったので、多くの都道府県慰霊塔が建立されて、沖縄戦の戦死者への慰霊が行われた。沖縄が日本に返還されるのは、このピークからさらに6年がたった1972年である。」

文献

安仁屋政昭（1997）．沖縄戦学習のために　平和文化．
ヨハン・ガルトゥング（2008）．平和の探求　千葉眞（編）平和運動と平和主義の現在　風行社．
池宮城秀意（1980/1987）．戦争と沖縄　岩波書店．
大久保潤（2009）．幻想の島　沖縄　日本経済新聞出版社．
大田平和総合研究所（2005）．60年目に問い直す　沖縄戦　大田平和総合研究所．
岡本太郎（1972/1996）．沖縄文化論：忘れられた日本　中公新書．
沖縄県博物館協会（2008）．沖縄の博物館ガイド　東洋企画．
沖縄県平和祈念財団（2007）．沖縄の慰霊塔・碑　沖縄県平和祈念財団．
沖縄県平和祈念資料館（2001）．沖縄平和祈念資料館総合案内　沖縄平和祈念資料館．
沖縄平和祈念資料館（2007/2008）．沖縄の戦争遺跡　沖縄時事出版．
沖縄平和祈念資料館（2008）．資料学習の手引き　沖縄県平和祈念資料館．
沖縄平和祈念資料館（2008）．平和への証言：体験者が語る戦争　アシスト．
沖縄をどう教えるか編集委員会（2006）．沖縄をどう教えるか　解放出版社．
太田昌秀（2007）．沖縄の「慰霊の塔」：沖縄の教訓と慰霊　那覇出版社．

金明哲（2009）．テキストデータの統計科学入門　岩波書店．
［記憶と表現］研究会（2005）．訪ねてみよう　戦争を学ぶミュージアム／メモリアル　岩波書店．
佐木隆三（1982）．証言記録　沖縄住民虐殺《日兵逆殺と米軍犯罪》　徳間書店．
仲宗根政善（1982/1989）．ひめゆりの塔をめぐる人々の手記　角川書店．
成田龍一（2010）．「戦争経験」の戦後史：語られた体験／証言／記憶　岩波書店．
丸木政臣（1996）．わが教育の原点：こころのふるさと沖縄から　新日本出版社．
村上登司文（2009）．戦後日本の平和教育の社会学的研究　学術出版会．
目取真俊（2005）．沖縄「戦後」ゼロ年　日本放送出版協会．
吉田健正（1996）．沖縄戦　米兵は何を見たか　50年後の証言　彩流社．
ひめゆり平和祈念資料館（2005）．墓碑銘　ひめゆり平和祈念資料館．

第 2 部

コンフリクト転換に基づく平和教育の実践と評価

第 4 章

コンフリクト転換を重視した平和教育とその評価
ガルトゥング平和理論を主軸にした教員免許状更新講習

1 はじめに

　本章は、ガルトゥングの平和学（Galtung, 1996, 2000；ガルトゥング・藤田, 2003）に基づく平和心理学を、教員免許状更新講習として行った平和教育のワークショップに適用した実践報告である。また、研修の最後のセッションで取った質問紙の結果を分析して平和教育の実践の成果（アウトカム）を評価するものである。

　杉田・伊藤（2008）は、日本の平和心理学の歴史的展開を跡付け、平和教育にとってガルトゥング理論に基づく平和心理学が有用であることを示した。

　本研究では、教員免許状更新講習の中で実施された、ガルトゥングの平和学の理論から立案した平和教育ワークショップによって、教師が学校で直面するコンフリクト状況を転換していく力量を形成するための取り組みについての紹介と報告を行う。

　著者は、2009年度の教員免許状更新講習として幼稚園教員から高等学校の教員に対して「平和学からの教育再論：発達の援助者となるために」と題する講義とワークショップを実施した。本章の構成は、まずこの教員免許状更新講習の内容について説明し、次に講習終了時に行った自由記述形式の質問紙の回答を分析して教育効果を検証し、最後に総合的な考察を行う。

2　講習の概要

講習会は 2009 年 8 月 22 日午前 9 時半〜午後 4 時半（50 分のセッションを 6 回）に大東文化大学の板橋キャンパス（東京都）において行われた。ここで、今回の教員免許状更新講習プログラムの概要を表 1 に示す。

表 1　2009 年度のプログラムの概要

セッション	テーマ	内容
1	暴力―平和論（1）	子ども・青年と暴力・平和
2	暴力―平和論（2）	暴力の構造のエクササイズ：シエラレオネの場合
3	コンフリクト―平和論（1）	コンフリクトの構造
4	コンフリクト―平和論（2）	例題のエクササイズとトランセンド
5	平和学からの教育再論	ドイツ国際平和村と平和教育ゼミ
6	まとめと評価課題	アンケートと振り返り

1 日の午前・午後で行われた 6 セッションの研修の詳細は以下の通りである。

セッション 1：「暴力―平和論（1）」子ども・青年と暴力・平和

最初に、グループの中で、氏名・所属・担当教科などの自己紹介を行った。
次に日本の子ども・青年が肯定的側面と否定的側面の 2 つの性質を持ち合わせていることについて考えてもらった。まず、2 つの性質のうち、肯定的側面として「日本の若者は殺さない」という見解を紹介した。その説明として、カントが『永遠平和のために』のなかで「常備軍はつねに武装して出撃する準備をととのえており、それによって、たえず他国を戦争の脅威にさらしている」「軍拡競争によって軍事費が増大の一途をたどる」「常備軍そのものが先制攻撃をしかける原因となる」として常備軍を批判していることが紹介された。そして、この常備軍の存在は青年に対して否定的な教育的影響力を持つこと、すなわち、常備軍・国民軍を持てばその国民に対して合法的な

殺人訓練としての銃器の操作や手入れ方法を教えることになり、このような教育は、その国の平和の文化に脅威を与え、戦争の文化・暴力の文化を肯定することにつながっていき、その国内的な影響力は侮りがたいことが指摘された。

　これを受けて長谷川・長谷川（2000）の資料より、日本の終戦後では20歳代の男子による殺人が多かったが、年とともに殺人数が減少していることを示し、軍隊教育や軍国主義教育の影響が弱まるにつれ殺人が大きく減少した事実を指摘した。そして、日本の若者による殺人率が先進諸国と比べてきわめて小さいことを、新聞記事を提示して説明した。

　もうひとつの性質では、現代日本の若者の弱点として、自己肯定感に乏しいという否定的側面が次のように指摘された。学校などにおいては、「ありのままの私」が継続的・系統的に否定されがちであるという現実がある。その背景としては、競争的環境の拡大・格差・貧困の問題が指摘できる。懸念として浮かび上がるのが、この自己肯定感の無さを補償するために、他者への優越の欲求や力強い主張・存在・権力へのあこがれ、ひいては強い武力への欲求などが増大することである。これと、偏狭なナショナリズムや民族中心主義（エスノセントリズム）が結びつき、排外主義が生まれる。また、国内でも、差別・いじめ・社会的弱者迫害という行為となる危険性がある。2009年4月5日の朝日新聞記事「『自分ダメ』日本突出：中高生調査『疲れ感じる』も」の記事によれば、日本の中高生は韓国・中国・米国に比べて自分の能力に自信がないことが示されている。

　このような、子ども・青年の現況の説明の次に、ガルトゥングの平和学文献に則って、暴力と平和について、以下のように説明した。すなわち、平和の定義は暴力が無い（あるいは、減らされた）状態であり、また、その状態を創り出すプロセス・行動の総体をいう。暴力とは、人間の潜在的可能性が実現しない状態であり、暴力には「する暴力」と「しない暴力」（不作為）がある。つまり、実際の能力と潜在的可能性の隔たりの減少に対する阻害要因を

取り除くことが平和への道である。

　暴力には3つの形態（側面）がある。まず第1に、直接的暴力 Direct Violence（DV）すなわち、ある行為主体によって行使される物理的・身体的影響力がある。次に、構造的暴力 Structural Violence（SV）があり、これはシステムに埋め込まれた影響力である。第3に、文化的暴力 Cultural Violence（CV）があり、これは直接的・構造的暴力を正当化・合法化しようとする思想・価値観のことである。これらは事例や局面によって、いずれか一側面が前景（表面）に出ていることが多いが、他の側面も伴っている。そして3側面は互いに影響し合い、強め合っていく性質がある。

　これらの暴力の具体例として、直接的暴力では、殺傷（他殺・自殺）、戦闘行為、拷問、苦役、虐待、家庭内暴力、対教師暴力などがある。構造的暴力では、独裁政権（先進諸国）、大企業による富・資源（モノ・ヒト・カネ）の独占・偏在・搾取、格差社会、サービスや情報へのアクセス可能性の不平等によってもたらされる飢餓・貧困・社会的差別、人権抑圧、教育／衛生の遅れ、失業、児童労働、システムの歪みによる負担の集中による過労死・過労自殺などがその例である。また、文化的暴力には、自民族（自文化）中心主義、民族・人種偏見、勝ち組・負け組、弱肉強食、自己責任、二分法的思考（善か悪か、敵か味方か等）などが挙げられる。

セッション2：「暴力―平和論（2）」暴力の構造のエクササイズ：シエラレオネの場合

　セッション1で説明した、直接的暴力・構造的暴力・文化的暴力の具体例を考えるために、シエラレオネにおいてどのような暴力が存在しているか、という問いをたてた。ビデオにより、「NHKスペシャル　データマップ63億人の地図　第1回」（2004年放映）を全員で視聴し、資料として、『いのちの地図帳』NHKスペシャル「データマップ63億人の地図」プロジェクト（2004：pp.14-15）の「世界の平均寿命」の地図を提示した。そこには「シエ

第4章　コンフリクト転換を重視した平和教育とその評価　　　　101

ラレオネの平均寿命は34.0歳。長寿国・日本の半分以下しか生きられない。」という説明がある。次に、ロム・インターナショナル（2006）の第4章の「アフリカ」の紛争がわかる地図というタイトル部分（pp.80-81）を提示し、無政府状態が続いたソマリア内戦や200万の死者を出したスーダン内戦とともに、ダイヤモンドの密売で得た資金により反政府組織のゲリラ活動が展開され、政情不安の中で市民に残虐行為が行われたシエラレオネ内戦の概要を紹介した。このシエラレオネにおける暴力について、3つの暴力の形態（側面）による分類を行うエクササイズを参加者とともに実施した。

セッション3：「コンフリクト—平和論（1）」コンフリクトの構造

コンフリクト（conflict）をキーとする平和の定義を「平和とは、コンフリクトconflictの非暴力的・創造的な転換transformationである。」（Galtung, 1996, p.9）として、マンガによる「お引っ越しの落とし穴」のエピソード（小

図A　小栗（2002）「お引っ越しの落とし穴」より

栗, 2002 図 A 参照) を提示し、外国人のアパート探しの際に発生しがちな大家側と入居者側のコンフリクトについて皆で考えた。続いて以下のような小講義を行った。

　コンフリクトの定義は「複数のアクター（人・集団）が相容れないゴール（目標または要求）をめぐって肯定的・否定的な相互作用をする状況」である。コンフリクトには破壊的な側面と創造的な側面があり、コンフリクトに対応する日本語として、争い、紛争、論争、闘争、衝突、摩擦、軋轢、競合、葛藤などがある。コンフリクトは、肯定的相互作用もあり、顕在化させるべきことも多くあるなかで、人間生活、社会生活において避けることができないものである。しかし、コンフリクトを非暴力的・創造的に転換することが平和の実現の方法であり、またそのプロセスが平和そのものであるといえる。

　コンフリクトには、アクターとゴールの要素がある。アクター（actor）は行為主体であり、当事者（party）とも呼ばれる。個人のほか、集団・組織・民族・国家・地域・文明などの様々なレベルがある。アクターは2者とは限らないし、表面に現れていない潜在的なアクターの存在も考えなければならない。ゴール（goal）あるいは目標は、何を実現したいかということである。ゴールは客観的に相容れない場合と、主観的に相容れない（思い込み）場合がある。また、ゴールは複数の要素が入り交じっている可能性があり、固執の強さに順位がある（優先順位）。また、ゴールの内容・構造・固執の強さはコンフリクトの過程で変化するし、相手への恐れや不安、自己のトラウマ（心理的外傷）は防衛を生み、目標への固執を強め、コンフリクトを激化させる可能性がある。コンフリクトには、メガ mega、マクロ macro、メゾ meso、ミクロ micro、の4つのレベルがある（ガルトゥング・藤田, 2003）。

　以上の説明の後、「お引っ越しの落とし穴」のコンフリクト事態におけるアクターとゴールとレベルは何かについての例題に取り組んだ。また、コンフリクトのライフサイクルすなわち、暴力以前の予防と、暴力最中の被害の最小化・戦争犯罪の防止・暴力の停止、および暴力後の解決・再構築（復

興)・和解の課題について説明した。

セッション4:「暴力—平和論（2）」例題のエクササイズとトランセンド

セッション4は、コンフリクトの例題として、オレンジ課題を変形した次の例題を題材とした。「ある小さな公園にブランコが一つ。二人の子どもがやってきた。どのようなストーリーが考えられるか？できるだけたくさん挙げてみよう。」

エクササイズの終了後、以下のように、コンフリクトの5つの決着点について説明した（図1）。

① A1の一人勝ち：A1のみが自分のゴールを達成し、A2はメリット・ゼロの状態。
② A2の一人勝ち：A2のみが自分のゴールを達成し、A1はメリット・ゼロの状態。
③ 撤退（退却）：どちらも自分のゴールを達成できない。相手もゼロということで諦め、痛み分け、漁夫の利、トンビに油あげ。
④ 妥協：どちらもゴールを一定程度達成し、あるいは一定程度達成できな

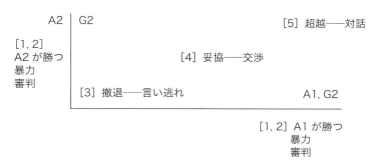

(A=アクター、G=ゴール)

図1　ヨハン・ガルトゥング（2000）による紛争結果と紛争過程の関係性

い。五分五分、六分四分など。
⑤ 超越（トランセンド）：どちらも自分のゴールを達成できる。ゴールが発展・変化することも有る。

この例題の回答例を以下のように示した。
① A1の一人勝ち：A1が1人で使用（独占）、A2はメリット・ゼロで強い不満が残る。［例］力づくで押しのける、じゃんけん等で一方に決定、第三者が裁定。
② A2の一人勝ち：A2が1人で使用（独占）、A1はメリット・ゼロで強い不満が残る。［例］力づくで押しのける、じゃんけん等で一方に決定、第三者が裁定。
③ 退却（撤退）：A1、A2ともにメリット・ゼロで両者に強い不満が残る。痛み分け。A1、A2ともにブランコを使用できない。［例］ブランコが壊れる（壊す）、悪天候になる、帰る時間になる、けんかで対立して終わる、興味を失いともにブランコ以外の遊びに移るか帰る、第三者にとられる。
④ 妥協：A1、A2とも、半分我慢。両者に不満が残る。A1、A2がともに半分（少し）ずつブランコを使用する。［例］一定のルールで交互に使用（じゃんけん、年齢）、二人乗り（不本意）、交換条件（金品等）で一方を他の遊びへ誘導。
⑤ 超越（トランセンド）：新しい要素を持ち込み、創造的に発展させる。A1、A2ともにメリット。［例］二人乗りや交互に押し役になって楽しむ、こぎ方（ジャンプ）競争に発展する。二人で別の遊びに移る。また、中・長期的には、みんなで公園管理者に交渉し、ブランコ台数、遊具バリエーションや公園（面積や数量）を増やす。

これら5つの案を、井上（2005：pp.50-57）の資料をもとに、夫婦の日曜日

の対立の解決を例に補足解説した。平和的紛争転換の手段としては、井上（2005）のいう「共感」「対話」を生かしながら「非暴力」「創造性」を用いることの重要性を指摘した。

セッション5：「平和学からの教育再論」ドイツ国際平和村と平和学習旅行

ここでは、教育・学校・教師の役割・機能をガルトゥング平和理論の視点から意味づけしなおす視点を、最後の講義セッションとして提供した。

そのために、まず、「ドイツ国際平和村」[1]を取り上げたテレビ番組の録画ビデオ「世界ウルルン滞在記　東ちづるのドイツ国際平和村再訪」（2000年放映）を視聴した（東, 2000参照）。

番組では、世界の紛争地域から傷ついた子どもたちを多数受け入れ、治療・リハビリを施して帰郷させる国際平和村のプログラムの実際が紹介されている。その中で、代表者がナチス・ドイツの罪への反省の上にたって活動していることや、ボランティアで関わる高校生や教師たちが、自分たちが過去の罪に向き合っていることや教育・歴史教育の意味を語る場面が含まれている。

視聴後に、

問1　ドイツの侵略戦争後の和解過程に果たしてきた国際平和村の役割（機能）は？

問2　ドイツの侵略戦争後の和解過程に果たしてきた教育／教育者の社会的役割は？

という2つの問いをたてて、討論をしてもらった。

そして、ドイツ国際平和村による活動をふまえた上で、日本で日本の教員にできることは何かという問題を提起した。

その手がかりとして、「杉田明宏による平和学的教育論」をレジュメ（付録A）とする講師の教育論を提示した。また、付録Bの文献一覧を受講者に

紹介した。

　そして杉田ゼミ紹介の資料を元に、ガルトゥング平和理論に基づく平和教育実践としてのゼミ活動を以下のように紹介した。

　ゼミでの勉強は座学とフィールドワークの二本柱であり、文献によって平和の概念や理論歴史などを学び、ある程度の知識を得た上で現場におもむく。ゼミに入ってすぐに第五福竜丸の展示館へ、夏には長野県の松代にある大本営跡に、さらに11月には広島に行き、2月には1年間の仕上げとして"ピースツアー"と銘打って沖縄に行くというように、現場で暴力の傷跡を目の当たりにするような体験的な教育活動を重視する。特に、戦争や基地などの多くの問題を抱える沖縄へのツアーは、1997年から続くゼミのメイン活動であり（杉田，2006a 参照）、平和ガイド（杉田，2006b：本書第1章）との交流も含めた刺激的な体験に満ちていることを紹介した。2007年12月には沖縄で出会った歌い手を東京に招き、地域の平和のつどいで沖縄問題を考えるコンサートを開催するなど、大学と地域の連携による平和活動も重視している。

　セッション（5）の最後に、「平和教育」を再考すると、日本史や国語の戦争教材において原爆・空襲・沖縄戦における戦争の悲惨さを知ることだけではなく、過去の戦争の歴史（とりわけ日本が関わった他国への侵略的・加害的行為）の教訓を学びつつ、現在から未来に向けて、暴力を低減し調和を促進する平和の創り方を、教科学習や自治活動、ボランティア活動を通じて理論的・実践的に学ぶことが重要であるのではないかと問題提起した。

セッション6：「まとめと評価課題」アンケートと振り返り

　セッション6では、「平和学の観点から、日本における教育・学校はどのようなものと考えられるだろうか？」という問いに対するエクササイズを行い、「評価課題」として、以下の設問に答えてもらった。

（1）自分の日頃の教育活動（教科指導、教科外指導、他）の中で生じている（い

た）コンフリクト・暴力の問題を一つ挙げる。
(2) それを「暴力―平和論」または「コンフリクト―平和論」の観点からとらえ直してみる。
(3) 教師としての役割を意識しつつ、問題状況を転換（改善・改革）するプランを立ててみましょう。
(4) 本日の Session 全体を通じて考えたことをお書き下さい。
(5) 今後への要望をお書き下さい。
という5つの問いを発した。例として、以下を提示した。

(1) 教員―学生間、職員間のセクシャル・ハラスメントによる学生のトラウマ、学習勤務継続困難状況。
(2) 暴力の三角形の存在
　　　　直接的：言語的・心理的・身体的侵害
　　　　文化的：ジェンダー認識の欠如・歪み（職場・社会・メディア）
　　　　構造的：非対称な力関係、賃金格差、法的未整備（職場・社会）
(3) 平和の三角形の形成
　　　　直接的：被害者・加害者へのケア／カウンセリング
　　　　文化的：教員・職員への啓蒙講習・ポスター、学校での性教育プラン作成
　　　　構造的：学内相談システム、講習システムづくり、法規制

　以上がガルトゥングの平和理論を主軸にした教育免許状更新講習の概要である。次にこの講習会のプログラムとしての評価を行う。

3　プログラムの評価

　安田・渡辺（2008）は、米国のプログラム評価に立脚しつつ、全体的な紹

表2 テキストマイニングの特徴：他の方法との比較（小平他 2007 より）

方法	データ	分析方法
質的研究	数値（量的データ）	量的分析（統計）
量的研究	文字（質的データ）	質的分析
データマイニング	数値（量的データ）	量的分析（統計）
テキストマイニング	文字（質的データ）	量的分析（統計）

介をしている。同書の 86 ページでも触れられているが、Chen（2005）のアウトカム評価とアウトカムモニタリングの違いに基づき、今回の講習プログラムのアウトカム評価とアウトカムモニタリングを行ってみたい。

　Chen（2005）によれば、アウトカム評価とは、量的で、客観的で、EBP（証拠に基づいた実践）的で、明確な評価基準を持つものを指す。これに対して、アウトカムモニタリングとは、質的、主観的、NBP（ナラティブに基づいた実践）的で大まかで印象的なアウトカムの価値付けである。本研究では、参加者の回答・感想文を質的に分析するとともに、テキストマイニングの手法を用いた量的分析を試みる。テキストマイニングは、テキストデータという質的資料を対象としたデータマイニングと位置づけられる。言い換えると、質的な文字データを量的に分析する方法である。この関係について小平他（2007）の表を転載すると、表2のようになる。

　講習後に得られた参加者の回答・感想文についてテキストマイニングツールを用いることは、アウトカムの評価とモニタリングの2つの性格を持つ有用性が有ると考えられる。

　なおアウトカム評価とインパクト評価の違いについては、安田・渡辺（2008, p.109）においてワンダーズマンたちの考え方が紹介されている。インパクト評価はアウトカム評価の次のステップであるとする考え方もあるが、同書の記述によれば、インパクト評価は、客観的な基準によるアウトカム評価プラス意図されていない効果の合算（総和）のようなものとの説明がある。安田

（私信）によれば、アウトカム評価とインパクト評価との線引きは難しく、理論家によって考え方が違うようで、一概に言えない部分が多いのだが、Rossi らの考え方は、実験デザインによるアウトカム評価を特にインパクト評価と呼んでいるようである。「インパクト」の定義自体も、実質効果（ロッシ）と、ケロッグファウンデーションでは、アウトプット、そしてアウトカムのその後にくるものがインパクトであり、副次的な効果も含めたものを指している。このように、プログラムの評価における諸概念は多義的である。

このようなプログラム評価の議論とはちがった観点で重要なのは、Fetterman & Wandersman（2005）が提唱するエンパワーメント評価の理論であろう。安田・渡辺（2008, p.195～）は、エンパワーメント評価の記述をフェッタマンとワンダーズマンの 2001 年までの理論に基づいて紹介している。なお、その後の展開を知るには、伊藤（2007）が参考になるだろう。

【目的】

第 2 部の研究目的は、コンフリクト転換を重視した教員免許更新講習による平和教育のプログラム評価を行うことである。

【方法】

セッション（6）において与えられた課題を参加者 33 名に回答してもらい、一日の講座の締めくくりを行った。この一日のプログラムの評価は上記のように、各人に回答・感想文を提出してもらったことによる。

対象者の内訳は幼稚園 1 名、小学校 14 名、中学校 8 名、高等学校 8 名の各レベルの教員と、中学高校一貫校 1 名、教育委員会勤務 1 名の合計 33 名であった。参加者から得られた回答・感想文の分析には、まず、回答をテキストファイルにして、それを対象に数理システム社のテキストマイニングソフトである Text Mining Studio Ver.3.2 を用いて分析した。

表3　分析の対象とした各設問の基本情報

表3-1　コンフリクト・暴力

	項目	値
1	総行数	33
2	平均行長（文字数）	71.4
3	総文数	101
4	平均文長（文字数）	23.3
5	延べ単語数	897
6	単語種別数	579

表3-2　平和論の観点

	項目	値
1	総行数	33
2	平均行長（文字数）	83.1
3	総文数	141
4	平均文長（文字数）	19.5
5	延べ単語数	1004
6	単語種別数	638

表3-3　転換プラン

	項目	値
1	総行数	33
2	平均行長（文字数）	174.6
3	総文数	229
4	平均文長（文字数）	25.2
5	延べ単語数	2183
6	単語種別数	1146

表3-4　全体で考えたこと

	項目	値
1	総行数	33
2	平均行長（文字数）	77
3	総文数	109
4	平均文長（文字数）	23.3
5	延べ単語数	953
6	単語種別数	544

表3-5　今後への要望

	項目	値
1	総行数	33
2	平均行長（文字数）	47.9
3	総文数	86
4	平均文長（文字数）	18.4
5	延べ単語数	580
6	単語種別数	376

表3-6　全項目合計

	項目	値
1	総行数	165
2	平均行長（文字数）	90.8
3	総文数	666
4	平均文長（文字数）	22.5
5	延べ単語数	5617
6	単語種別数	2244

【結果】

表3は、参加者から得られた回答文についての基本的統計量である。なお、基本的統計量に基づく基本情報は、全項目と各設問についてであり、表3として1-6の表にて示した。全5項目の設問による回答の基本情報を表3-6に示す。表3-6における総行数165とは、33人が5項目に答えた各回答を1と計算した総数である。表3（1-5）は、一人あたり一行のデータとしているので、総行数とは回答者数と同じである（無回答の場合は原文参照において欠損値となっている）。平均行長とは一人当たりの回答文の文字数の平均である。平均文長とは回答文の一文当たりの文字数である。総文数とは、句点（マル）等で区切られた文の総数である。延べ単語数とは、全員の回答における内容語の単語総数である。単語種別数とは、全員の回答における内容語の異なり

表 4　問 1「コンフリクト問題」で 4 回以上出現した単語とその頻度

	単語	品詞	頻度		単語	品詞	頻度
1	生徒	名詞	42	13	教える	動詞	5
2	先生	名詞	20	14	見る	動詞	5
3	クラス	名詞	11	15	言葉	名詞	5
4	暴力	名詞	9	16	電車	名詞	5
5	いる	動詞	7	17	保護者	名詞	5
6	教室	名詞	7	18	B	名詞	4
7	持つ	動詞	7	19	いじめ	名詞	4
8	教員	名詞	6	20	絵	名詞	4
9	入る	動詞	6	21	学校	名詞	4
10	A	名詞	5	22	指導	名詞	4
11	コンフリクト	名詞	5	23	親	名詞	4
12	とる	動詞	5				

語数（同じ単語は何回出現しても 1 とカウント）である。

　これから先は、各設問についての内容を見ていくことにする。

　問 1「自分の日頃の教育活動（教科指導、教科外指導、他）の中で生じている（いた）コンフリクト・暴力の問題を一つ挙げる」に対する回答文の基本情報を表 3-1 から見ると、33 名の回答には 897 単語数、579 種類の単語が含まれていた。それらの単語数や単語種別数の情報から、4 回以上出現したものを示したのが表 4 の単語頻度一覧表である。

　表 4 を見ると、「生徒」が単語の頻度としては最も多く、また、「子」「児童」「子ども」については特定の生徒を指し示す単語であり、「生徒」として 1 つの類義語にカウントすると合計で 42 であった。その次に目立つのは「先生」、「クラス」、「暴力」、「いる」、「教室」といったクラス運営と暴力に関する単語である。また「保護者」も 5 回出現している。うち 2 事例は保護者からのクレームに関する記述であり、その 1 つが「生徒指導の中で校則違反をした茶髪生徒の保護者からのクレーム」であることが原文参照からわかった。受講者が日頃の教育活動の中で生じているコンフリクトは、生徒との関係が

表5 問1「コンフリクト／暴力の問題」の回答内容

1	生徒間	17	教員と生徒
2	生徒の問題行動	18	携帯ブログでの中傷書き込み
3	学習意欲	19	障害児と教員
4	日本人生徒と外国人生徒との暴力	20	保護者と担任
5	生徒たちのいじめ・問題行動	21	生徒間　いじめ
6	生徒間の問題行動	22	障害児と他の生徒への指導法の悩み
7	生徒間のいじめ、授業妨害	23	生徒間、進度別クラスのいざこざ
8	教員と生徒間、部活継続困難	24	管理職と教員
9	生徒の訴え	25	教員と知的障害者
10	生徒間の暴力	26	生徒間、不登校児・障害児へのいじめ・暴力
11	生徒間の揉め事・暴力		
12	教員間（指導法）、教員と生徒間	27	生徒と教員、担任をめぐって
13	保護者（モンスターペアレント）と教員	28	生徒と教員間
14	部活の生徒間	29	教員と障害児保護者
15	保護者と学校間、障害児受け入れをめぐり	30	障害児と他の生徒
		31	園児間
16	就学委員会と教員、障害児へのかかわりをめぐって	32	携帯電話をめぐる問題
		33	困った生徒と教員

中心とはいえ、保護者とのコンフリクトも見られている。

　表5は、問1で求められた「コンフリクト／暴力の問題」についての具体的な回答内容である。まず、生徒間の問題が多く、次に生徒と教員との間にコンフリクトの問題が多くあることがわかる。さらには、教頭などの管理職と教員との間の問題や、保護者と教員の間のコンフリクトも問題として出されていた。

　このように教師の直面するコンフリクトは多様である。多くの場合、生徒と生徒との関係、そして教師と生徒との関係である。また、保護者との関係が問題になることも表5からわかった。それではそのコンフリクトについて、教師たちは、講習後においてどのように捉え直すことができたのであろうか？　問2は、前問で出されたコンフリクト・暴力問題を「暴力─平和論」または「コンフリクト─平和論」の観点からとらえ直すという回答を引き出す設問であった。問2の回答文の基本情報を表3-2から見ると、33名の回答に

第4章　コンフリクト転換を重視した平和教育とその評価　　113

表6　問2「平和論の観点」単語頻

	単語	品詞	頻度		単語	品詞	頻度
1	生徒	名詞	27	18	教室	名詞	5
2	暴力	名詞	15	19	校則	名詞	5
3	心理的	名詞	9	20	構造的暴力	名詞	5
4	先生	名詞	9	21	自分	名詞	5
5	構造的	名詞	8	22	親	名詞	5
6	直接的	名詞	8	23	文化的暴力	名詞	5
7	文化的	名詞	8	24	偏見	名詞	5
8	三角形	名詞	7	25	問題	名詞	5
9	A児	名詞	6	26	与える	動詞	5
10	クラス	名詞	6	27	学校	名詞	4
11	欠如	名詞	6	28	気持ち	名詞	4
12	言葉	名詞	6	29	強い	形容詞	4
13	考える	動詞	6	30	教員	名詞	4
14	相手	名詞	6	31	授業	名詞	4
15	保護者	名詞	6	32	存在	名詞	4
16	理解	名詞	6	33	直接的暴力	名詞	4
17	A	名詞	5	34	入る	動詞	4

は単語数が1004であり、638種類の単語が含まれていた。表6には、その回答における単語出現頻度が4以上あった単語を示している。問2に見られた単語として特徴的であるのは、「構造的」、「直接的」、「文化的」、「三角形」の単語である。これらは前述したガルトゥングの暴力論の鍵となる概念であり、受講者がガルトゥングの暴力の三角形の図式にあてはめながら、生徒やクラスや部活などの問題を分析していることの反映であるといえる。

　問3は、「教師としての役割を意識しつつ、問題状況を転換（改善・改革）するプランを立ててみましょう」という問いであり、受講者自身が挙げた問題状況に対するコンフリクト転換プランを求めるものであった。問3の回答文の基本情報を表3-3から見ると、33名の回答には2183単語数と、1146種類の単語が含まれていることがわかる。表7は問3の回答において頻度が5

表7 問3「転換プラン」単語頻度

	単語	品詞	頻度		単語	品詞	頻度		単語	品詞	頻度
1	生徒	名詞	58	24	親	名詞	8	47	伝える	動詞	6
2	先生	名詞	25	25	大切	名詞	8	48	Aちゃん	名詞	5
3	聞く	動詞	20	26	平和	名詞	8	49	A児	名詞	5
4	考える	動詞	18	27	保護者	名詞	8	50	B	名詞	5
5	知る	動詞	16	28	お互い	名詞	7	51	ケア	名詞	5
6	理解	名詞	16	29	クラス	名詞	7	52	意識	名詞	5
7	良い	形容詞	16	30	学校	名詞	7	53	一緒	名詞	5
8	授業	名詞	14	31	校則	名詞	7	54	気持ち	名詞	5
9	必要	名詞	13	32	指導	名詞	7	55	型	名詞	5
10	教員	名詞	12	33	二人	名詞	7	56	結果	名詞	5
11	行う	動詞	11	34	A男	名詞	6	57	言う	動詞	5
12	問題	名詞	11	35	かける	動詞	6	58	三角形	名詞	5
13	構造的	名詞	10	36	する	動詞	6	59	社会	名詞	5
14	話	名詞	10	37	できる	動詞	6	60	取り組む	動詞	5
15	話し合う	動詞	10	38	まず	副詞	6	61	授業中	名詞	5
16	どう	副詞	9	39	わかる	動詞	6	62	出る	動詞	5
17	言葉	名詞	9	40	一人	名詞	6	63	場	名詞	5
18	持つ	動詞	9	41	解決	名詞	6	64	生徒たち	名詞	5
19	自分	名詞	9	42	絵	名詞	6	65	他	名詞	5
20	直接的	名詞	9	43	関係	名詞	6	66	多い	形容詞	5
21	文化的	名詞	9	44	機会	名詞	6	67	入る	動詞	5
22	暴力	名詞	9	45	出す	動詞	6	68	被害者	名詞	5
23	思い	名詞	8	46	声	名詞	6				

以上出現した内容語の頻度順の一覧である。表7において目立つ単語は、「聞く」、「考える」、「知る」、「理解」、「話し合う」、「わかる」、「伝える」、「気持ち」、などの単語である。これらは、コンフリクト・暴力問題を改善するための行動、とくにコミュニケーションを取る際に重要なキーワードである。各セッションのエクササイズから、教育現場において教師としての役割を意識しつつ、特に生徒との諸問題についてはコミュニケーションを取るこ

表8 問4「全体の感想」回答の単語頻度

	単語	品詞	頻度		単語	品詞	頻度
1	平和	名詞	24	18	思う	動詞	5
2	暴力	名詞	24	19	日本	名詞	5
3	コンフリクト	名詞	16	20	平和教育	名詞	5
4	考える	動詞	16	21	ドイツ	名詞	4
5	感じる	動詞	9	22	どう	副詞	4
6	学ぶ	動詞	8	23	とらえる	動詞	4
7	平和学	名詞	8	24	意味	名詞	4
8	解決	名詞	7	25	関係	名詞	4
9	生徒	名詞	7	26	講義	名詞	4
10	知る	動詞	7	27	今	名詞	4
11	方法	名詞	7	28	身近	名詞	4
12	思い	名詞	6	29	先生	名詞	4
13	大切	名詞	6	30	素晴らしい	形容詞	4
14	とても	副詞	5	31	側面	名詞	4
15	もっと	副詞	5	32	多い	形容詞	4
16	改めて	副詞	5	33	転換	名詞	4
17	言葉	名詞	5	34	暴力＋ない	名詞	4

とで解決していくという具体的なプランがたてられた事の反映であろう。問3において、コンフリクトを転換（改善・改革）するキーワードが出現したことは、プログラムの成果を評価する上で意義深い。

　問4は「本日のSession全体を通じて考えたことをお書き下さい」という講習の感想を求めたものであった。問4において、4頻度以上出現した単語頻度の一覧を表8に示すとともに、図2には、全体の感想文から、ポジティブとネガティブに評価された単語が抽出され、それらの単語との結びつきが示されるネットワーク分析を図示した。問4についての回答文の基本情報を表3-4から見ると、33名の回答には953の単語数と、544種類の単語が含まれている。表8では、「考える」、「感じる」、「学ぶ」、「知る」、などの学びの行動に関する単語と、「思い」、「大切」、「とても」、「もっと」、「改めて」、な

第2部　コンフリクト転換に基づく平和教育の実践と評価

表9　問5「今後への要望」回答の単語頻度

	単語	品詞	頻度		単語	品詞	頻度
1	先生	名詞	9	18	コンフリクト	名詞	3
2	平和学	名詞	9	19	なかなか	副詞	3
3	問題	名詞	7	20	ひとりひとり	名詞	3
4	機会	名詞	6	21	もう少し	副詞	3
5	自分	名詞	6	22	解決	名詞	3
6	人	名詞	6	23	学ぶ	動詞	3
7	考える	動詞	5	24	考える＋したい	動詞	3
8	今	名詞	5	25	考え方	名詞	3
9	平和	名詞	5	26	講義	名詞	3
10	できる	動詞	4	27	講座	名詞	3
11	もっと	副詞	4	28	今後	名詞	3
12	教育	名詞	4	29	子ども達	名詞	3
13	多く	名詞	4	30	持つ	動詞	3
14	(無記入)	名詞	4	31	時間	名詞	3
15	良い	形容詞	4	32	生徒	名詞	3
16	いる	動詞	3	33	転換	名詞	4
17	これから	副詞	3	34	暴力＋ない	名詞	4

どの学びの姿勢に関する単語が特徴的である。また、これらの単語頻度分析の結果を受けて、問4の回答における形容詞を抽出したところ「素晴らしい」が4頻度あり、「新しい」が3頻度、「興味深い」が2頻度抽出されるなど、受講者にとって講習内容はポジティブに受け止められていることがわかった。

　その発せられた形容詞における具体的内容について、「素晴らしい」の原文を参照すると「傾聴することが素晴らしい」や「トランセンドの域に達せられる世界になるとすばらしいです」といった内容が見られた。そして、「新しい」による原文には、「初めて平和学を学んで新しく知ったことが数多くあった」であり、「興味深い」における原文では、「暴力にもいろいろな要因があり、ただ一つの現象としてみてはいけないことや、直接的、文化的、

第4章　コンフリクト転換を重視した平和教育とその評価

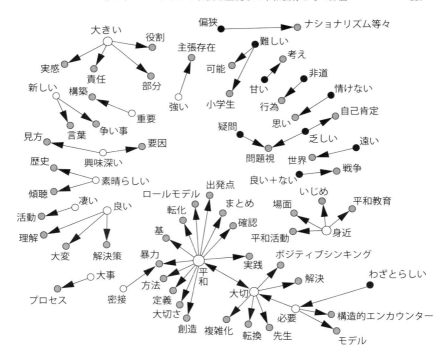

図2　問4「全体の感想」の評判抽出によるネットワーク分析

構造的なつながりとしてみる見方などがとても興味深かった」や「暴力があるからできてきた平和学。こういう学問も発生してきたのだと興味深く講義を聞くことができた」という内容であった。問4の回答から抽出された単語頻度と共に形容詞の抽出から原文を見ると、ガルトゥングの理論による平和学は受講者にとって興味深く、そして新しく受け止められていることがわかる。

　図2は、評判抽出によるネットワーク分析であり、問4において見られた単語がポジティブかネガティブかに判断され、どのような連関を持って語られているかを図示している。図2における単語ごとに定められたノード（マ

ルで表示）の色について、白抜きは Positive 評価であり、黒色は Negative 評価であり、そして灰色はそれぞれの評価を受ける単語となっている。図2による、ポジティブに評価された単語との結びつきからいくつかの原文を挙げると、「毎日の忙しさに、目の前のことを一つずつしか見ていけないのだが、このような平和論は全教師が学ばなければならないと思う」や「今回の講義を聴いて、コンフリクトの転換が大切だということを強く感じている」といった内容であった。教育現場への実践についても「こうした問題解決のためのコンフリクトも、非暴力的、創造的にどう転換するかその理論にもとづき実践してみたいと感じた」といった内容や「現場に戻りじっくり考え、できることから実践できればと思う」という内容にあるように、原文参照によってセッション全体の感想が具体化されるとともに、評価についても内容が具体的に明らかになった。

　また、図2において示されるネガティブに評価された単語との結びつきについて、原文の内容を要約すると以下の通りになる。原文の内容は、ガルトゥングによる平和教育が小学生には難しいと思われること、自己肯定感のなさを問題視または疑問視していたこと、平和についての考えが甘かったことなどを内容とする語連鎖であった。なお、ネガティブな単語との連鎖が見られていても、例えば、戦争はよくないというのは平和の大切さについて暴力・コンフリクト概念を用いて教えたいということであり、日本が非道な行為を行ってきたことを知るべきといった表現は、むしろポジティブな気づきにつながる表現である。単語頻度分析と評判抽出による両方のデータを総合すると、受講者にガルトゥングの理論に基づく平和学についての興味がうまれ、ポジティブな思考様式の重要性の認識や、身近なコンフリクト内容と平和との結びつきについての気づきなどが生まれていることが分かる。

　問5は、今後への要望について求めた設問である。表3-5 から、問5の回答文の基本情報を見ると、580 の単語数があり、376 種類の単語が含まれていることがわかる。今後への要望（問5）について、3頻度以上出現した単

語頻度分析の結果を表9に示す。表9から、「平和学」についての言及が多く、「平和学という学問も、もっと広く知らされ多くの人が学ぶ機会を持つべきです」という原文にあるように、平和学が学校教員にそれほど知られていないということと、「もっと」、「多く」といった単語が抽出されたこと、「もう一度平和学というものを考えたいと思いました」「今後は自分なりに人の気持ちになって考えるという行動をもっと大切に活用していこうと思いました」といった原文にあるように、今後も学びを深め、対話する姿勢を実践したいという記述が特徴的であった。

今後の要望に関する内容については、「具体的な平和学のできれば高校における授業展開の在り方なども一例として観てみたい」や「子ども達にも理解しやすい形で推進してほしい」といった内容が、単語頻度分析から探索的に行った原文参照から見られており、さらには「グループ内での対話も有意義であったので、もう少し機会があれば良かった」や「できれば後半の話がたくさん、時間をとって展開できることを願っています」といった講習を発展させる提案も生まれている。

【考察】

受講者が問題状況として挙げたコンフリクトの内容は、今回の参加者にクラス担任を持つ一般教員が多かったためか、生徒間のコンフリクトと教師—生徒間のコンフリクトが圧倒的に多かった。たとえば、問1の回答において「教員—生徒間部活動指導における生徒の意欲減退継続困難状況」や「同じ部活内での生徒同士の問題」などが原文に見られている。これは副校長（教頭）を対象とした井上・伊藤（2009）の研究で、圧倒的に一般教員と管理職との間のコンフリクトが多かったことと対照的である。

学校現場を対象としたコンフリクト分析でも、ガルトゥングの暴力論—平和論および、紛争転換理論すなわちトランセンド理論が、応用可能な有効なツールであるということが明らかになった。学校現場というメゾシステムに

おけるコンフリクト分析と、トランセンド的な介入の有効性が示唆され、今後のさらなるプログラムの開発と実施が期待される。トランセンド理論への期待については、「またコンフリクトの転換のために、トランセンド法的な解決は、社会の複雑化の中では、とても大切なことですが、それが制度として定着していかないと効果的ではないように思いました」という内容が問4の回答文に見られた。

　参加者の感想は、おおむねポジティブであり、学ぶ意欲とコンフリクトをポジティブに転換・解決させていく意欲を引き出させるものであった。問5の回答文において「教室の中の事例等で話し合いができるとよい」や「事例研究をして、みんなで意見を出し合っていくことに時間をさくような研修もしてみたい」という要望にあるように、事例検討などの時間が足りなかったことが惜しまれるとはいえ、一日のセッションであっても平和理論に関する重要な内容を伝えることができると分かった。以上の結果により、この教員免許状更新講習は、ほとんどの参加者に肯定的・好意的に受け止められたことが明らかになった。すなわち各々の職場における教育現場での具体的なコンフリクトについて、講習の内容が応用できるものとして積極的・実践的に受け止められたといえるだろう。また、平和学について再認識する受講者も多く、たとえば問4の感想では「平和学というものをもっと違う意味でとらえていました」と、受講者が講習を経て再認識を行っている様子がわかる。教員免許状更新講習の制度については、「教師が学びたいことがいつでもどこでも受けられるよう研修の機会を増やしたり、その条件整備をすることこそ、教師の指導力を高めるためには必要です。国はそのためにこそ、教育予算を使うべきではないかと考えます」といった批判的な意見があったが、講習の内容については肯定的な回答で構成されていた。

　このように、受講者から得られた回答・感想文をテキストマイニングすることによって、参加者全員の全体的な傾向やプログラムについての感想がモニタリングできた。今後は、客観的な指標や、事前事後テストの実施により、

より妥当性と信頼性のある評価法を用いることが課題である。

　今回行われた講習は1日のワークショップであり、時間的制約が大きかったものの、「教員免許更新講習で、この講座を開いていただいたことに深く感謝します」といった問5の回答文に見られるように、意義あるものであった。平和心理学をベースとした平和教育のワークショップは、よく準備をして、適切な教材を用意して臨めば、十分な教育的効果があることが明らかになったといえよう。

　まとめると、このようなガルトゥング平和学に基づく平和理論は、学校教員を対象とする場面であっても、充分に実践を促す効果があり、意義あるものであることが、テキストマイニングによる分析データから言うことができる。

4　おわりに

　本章ではまず教員免許状更新講習プログラムにて行った実践の内容を紹介した。教員免許状更新講習では、ガルトゥング平和学を暴力論とコンフリクトの2つの側面においてエクササイズを交えて伝達した。次に研修の最後のセッションで取った参加者の回答・感想文を分析した。その結果、充分な教育的効果がアウトカム評価およびモニタリングによって得られたことを明らかにした。

　たった1日であり、6時間の講習でも、ガルトゥング平和学の真髄を伝授することができ、それを生活場面（今回は学校教育場面）で応用しようとする態度形成の効果も確認できた。井上（2004）の多文化カウンセリング能力の観点からすると、平和学の教育目標として受講者に、そして平和のための主体形成の課題として、「知識」と「気づき」と「スキル」の3つの側面の能力が必要である。

　今回の講習では基本的な知識と、平和学についての意欲・態度・気づきは

充分形成できたと考える。しかし、具体的なコンフリクト解決のスキルについては、短い間であり、セッション数が少なかったので限界があるとも考えられる。とはいえ、短時間ではあっても、最後のセッションで参加者が求められた質問紙を回答する過程で、コンフリクトの具体例に取り組もうとする姿勢を見せたことについては意義がある。

より時間がある講習の場合においては、これらの実際例・具体例を参加者同士で討論したり、ブレーンストーミングしたりすることにより、スキル能力も育てることが可能である。コンフリクト解決の授業を3日間または4日間の集中講義で大学生に実践している伊藤は、学生の日常生活におけるコンフリクト場面を提示する宿題を出して、その宿題による学生の回答をもとにブレーンストーミングする実践を行っている。偏見低減教育の例（Ito, Kodaira, & Inoue, 2010）でも、まず初期の教育で重要なのは、知識と気づきであり、例えば精神障害者にどの様に接するかというコミュニケーションスキルは、その後の病院実習などの課題でもあるとしている。

本章で紹介した実践のように、短時間の場合にはスキル評価は困難であるといえる。とはいえ、プログラム評価それ自体は平和教育活動の発展のためにも必要なことであると考えられる。この点で問1、2、3は、実例とその解決プランを立てさせる課題であり、個別的ながらスキル形成教育とスキル形成評価の2つの機能を持っていたと位置づけることができる。

今後の課題としては、第1に、今後の講習プログラムの改善にあたって、前出で紹介したように、コンフリクト解決教育や偏見低減教育においてスキル形成のために考案されてきた参加者同士の討論・ブレーンストーミングといった方法を導入することが挙げられよう。第2に、参加者の気づき・知識・スキル（井上, 2004）のアウトカム評価とプログラムのプロセス評価によって、さらなる改善を含めた講習を今後とも計画することである。第3に、学校教育場面において頻発する子ども・教師・保護者とのコンフリクト・暴力状況を改善する力量を教師に形成する必要がある。そのためには、教師対

象の講習会のような限定的であり非定期的な教育に留まらず、大学教育をふくめた学校教育カリキュラムに位置づけるなどして、平和学教育を「制度化」していくことである。第4には、伊藤（2007）で紹介しているエンパワーメント評価の項目に沿って、プログラムを評価することのできる評価法の開発が教育活動、とりわけ平和教育活動を進めるために必要である。

謝辞・付記

本研究は日本学術振興会科学研究費補助金（研究種目：基盤研究（C）課題番号：20530610　課題名：高校におけるコンフリクト転換のための心理教育的プログラム開発　研究代表者：井上孝代）の援助を受けた。データを提供してくれた当日の受講生の皆さんに感謝いたします。

註

（1）ドイツ国際平和村のホームページ http://www.friedensdorf.de/welcome3.html では以下のように、団体紹介を行っている。

> ドイツ国際平和村は、1967年7月6日、ドイツ市民の手によって紛争地域や危機に瀕した地域の子どもたちを助けるために設立されました。紛争や貧困の犠牲となったこの子どもたちは、今このときも、私たちの援助を待っています。設立以来、平和村の活動はどんどんと広がっていきました。その活動の中心にはいつも子どもたちがいます。平和村の活動は、まず、子どもたちの治療をヨーロッパで行うことからはじまりました。そして、子どもたちが母国で治療できるようになることを目指し、今では多くのプロジェクトが危機的な状況にある様々な国で行われています。それでも医療ケアのためにヨーロッパまでやってこなければならない子どもはたくさんいます。また、子どもたちのヨーロッパでの治療、プロジェクトと並び、平和村の紹介を通して平和への関心を高める活動も行っています。

文献

東ちづる（2000）．わたしたちを忘れないで：ドイツ平和村より　ブックマン．
Chen, H-T.（2005）. *Practical program evaluation: Assessing and improving planning, implementation, and effectiveness.* Thousand Oaks, CA: Sage.
Fetterman, D. M., & Wandersman, A.（2005）. *Empowerment evaluation principles in*

practice. New York, NY: Guilford Press.

Galtung, J.（1996）. *Peace by peaceful means: Peace and conflict, development and Civilization,* Thousand Oaks, CA: Sage.

ヨハン・ガルトゥング（伊藤武彦・奥本京子訳, 2000）．平和的手段による紛争の転換：超越法　平和文化．

ヨハン・ガルトゥング（京都 YWCA ほーぽのぽの会訳, 2003）．平和を創る発想術：紛争から和解へ　岩波書店．

ヨハン・ガルトゥング・藤田明史（編）（2003）．ガルトゥング平和学入門　法律文化社．

長谷川寿一・長谷川真理子（2000）．戦後日本の殺人の動向　科学 7 月号, 560-568.

井上孝代（2004）．多文化カウンセリング能力　井上孝代（編）共感性を育てるカウンセリング　川島書店．

井上孝代（2005）．あの人と和解する：仲直りの心理学　集英社．

井上孝代（2008）．全校参加型スクールカウンセリング：米国の MEASURE による実践　児童心理　2008 年 4 月号臨時増刊 N.876, 170-175.

井上孝代・伊藤武彦（2009）．高校のステークホルダーがかかえるコンフリクトの構造：レパートリーグリッド法と HITY 法による個人別態度構造分析　心理学紀要（明治学院大学）, 19, 21-33.

Inoue, T., &Ito, T.（2010）. *Personal construct analysis of a vice-principal on conflicts in a high school as workplace through High Tea Method by using repertoire grid technique.* Paper session presented at the 27th International Congress of Applied Psychology.

伊藤武彦（2007）．エンパワーメント評価：コミュニティのための参加型評価　井上孝代（編）エンパワーメントのカウンセリング　川島書店, pp.245-262.

Ito, T., Kodaira, T., & Inoue, T.（2010）. *TV Program-based preventive education for the prejudice towards schizophrenia.*（Unpublished Manuscript）.

小平朋江・伊藤武彦・松上伸丈・佐々木彩（2007）．テキストマイニングによるビデオ教材の分析：精神障害者への偏見低減教育のアカウンタビリティ向上をめざして　マクロ・カウンセリング研究, 6, 16-31.

NHK スペシャル「データマップ 63 億人の地図」プロジェクト（2004）．いのちの地図帳（NHK スペシャル「データマップ 63 億人の地図」）　アスコム．

小栗左多里（2002）．ダーリンは外国人：外国人の彼と結婚したら、どーなるの？ルポ　メディアファクトリー．

ロム・インターナショナル（編）（2006）．ひと目でよくわかる世界の紛争地図　河

出書房新社.
杉田明宏（2006a）．平和を学ぶ営みへのチャレンジ：沖縄戦の継承活動から考える　人間と教育，52，32-39．
杉田明宏（2006b）．沖縄・平和ガイドの平和心理学的考察　心理科学，26（2），30-47．（本書第 1 章）
杉田明宏・伊藤武彦（2008）．日本における平和心理学の発展：心理科学研究会平和心理学部会 20 年の活動を焦点に　心理科学，28（2），42-55．
Wandersman, A., Chinman, M., & Imm, P.（2004）．*GTO 2004*　井上孝代・伊藤武彦（監訳）池田満・池田琴恵（訳）プログラムを成功に導く GTO の 10 ステップ：計画・実施・評価のための方法とツール　風間書房．
安田節之・渡辺直登（2008）．プログラム評価研究の方法（臨床心理学研究法　第 7 巻）　新曜社．

付録 A　杉田明宏による平和学的教育論
■平和学的教育論　試論
A　教育
＊人間ひとりひとりの潜在的実現可能性を開花させる営為、心身の発達援助機能。
　cf.「教育とは人間（子ども等）の発達を助ける活動」＝助成的介入
　発達 development とは、人類の社会的経験の総体としての文化（価値観・行動様式）が一人一人の人間の心身の中に入り込むことによって、一人一人の内に潜んでいる可能性が解き放たれること（田嶋一「教育とは何か」、田端他『やさしい教育原理』有斐閣、2007 年）。
＊人類の正・負の遺産（教訓）を継承・社会化する機能
＊人類社会を持続・発展させる平和の文化を創出する機能
＊戦争の実相と原因、平和実現の方法を次世代に伝える組織的営み
　非暴力・対話・共感・創造性を通じたコンフリクト転換（トランセンド）の発想術の社会的・世界的共有
B　学校
＊教育の組織化・効率化システム
＊人類の正・負の遺産（教訓）の継承・社会化の主要な装置

C　教師
＊学校教育における学習援助・発達援助の専門職
　発達の阻害要因の低減・除去＋促進要因の増大
　子どもの個々の能力・スキルの向上のみならず、人格発達（自己肯定感・アイデンティティー形成・自己実現）を実現
＊幼児期から青年期までの発達途上の子ども・青年にとっての平和のロールモデル
　学校生活、日常社会生活、国際社会において、暴力・コンフリクトを平和に転化させる方法の体現者
＊専門性を活かし社会的・歴史的発展の責任を担う知的アクターのひとつ

付録B　当日受講者に提示した平和学関係の参考文献

＊公刊（出版）年順：主に2000年以降のもの
◇ヨハン・ガルトゥング（高柳先男他訳）『構造的暴力と平和』中央大学出版部、1991年。
◇藤原帰一他『平和学がわかる AERA Mook』朝日新聞社、2002年。
◇前田哲男（編）『岩波小辞典　現代の戦争』岩波書店、2002年。
◇戸崎純・横山正樹（編）『環境を平和学する！』法律文化社、2003年。
◇安部竜一郎，郭洋春，戸崎純，横山正樹他（著）『脱「開発」へのサブシステンス論―環境を平和学する！2』法律文化社、2004年。
◇児玉克哉，佐藤安信，中西久枝（編）『はじめて出会う平和学』有斐閣、2004年。
◇小柏葉子，松尾雅嗣（編）『アクター発の平和学　誰が平和をつくるのか？』法律文化社、2004年。
◇郭洋春，戸崎純，横山正樹（編）『環境平和学―サブシステンスの危機にどう立ち向かうか』法律文化社、2005年。
◇岡本三夫・横山正樹『平和学のアジェンダ』法律文化社、2005年。
◇井上孝代『あの人と和解する―仲直りの心理学―』集英社、2005年。（新書）
◇石原昌家他（編）『オキナワを平和学する！』法律文化社、2005年。
◇ヨハン・ガルトゥング（木戸衛一他訳）『ガルトゥングの平和理論―グローバル化と平和創造』法律文化社、2006年。
◇高橋真司・舟越取一（編）『ナガサキから平和学する！』法律文化社、2009年。
◇君島東彦（編）『平和学を学ぶ人のために』世界思想社、2009年。
◇日本科学者会議「特集：平和学のすすめ」『日本の科学者』2009年8月号。

■平和の文化 / 平和教育 / 平和心理学関係

◇デービッド・アダムズ（中川作一訳、伊藤武彦・杉田明宏編）『暴力についてのセビリア声明』平和文化、1996 年。
◇古潭聡司・入谷敏男・伊藤武彦・杉田明宏『語り継ぎ未来を拓く平和心理学』法政出版、1997 年。
◇平和の文化をきずく会（編）『暴力の文化から平和の文化へ』平和文化、2000 年。
◇平和の文化をきずく会（編）『脱暴力宣言』平和文化、2001 年。
◇アーリア・バラドワージ（平和の文化をきずく会編）『ガンジーの非暴力に生きる』平和文化、2001 年。
◇心理科学研究会（編）『平和を創る心理学』ナカニシヤ出版、2001 年。
◇ベティー・リアドン & アリシア・カベスード（藤田秀雄・浅川和也監訳）『戦争をなくすための平和教育：「暴力の文化」から「平和の文化」へ』明石書店、2005 年。
◇後藤健二『ダイヤモンドより平和がほしい：子ども兵士ムリアの告白』汐文社、2005 年。
◇平和の文化をきずく会（編）『きずきあう平和と非暴力の文化―デービッド・アダムズ講演集―』平和文化、2007 年。
◇ NHK「地球データマップ」制作班（編）『NHK 地球データマップ』NHK 出版、2008 年。

第5章

コンフリクト転換を重視した平和教育とその評価
教員免許状更新講習におけるアニメ『みんながHappyになる方法』活用の実践と効果

1 はじめに

　第4章では，ガルトゥングの平和学（Galtung, 1996, 2000；ガルトゥング・藤田, 2003）に基づく平和心理学を、教員免許状更新講習における平和教育のワークショップに適用した実践報告と、研修の最後のセッションで取った質問紙の結果を分析して平和教育の実践の成果（アウトカム）を評価した。また、杉田・いとう・井上（2012：本書第6章）では、アニメ『みんながHappyになる方法』を用いた紛争解決を主軸とする平和教育を大学新入生に行い、コンフリクト対処スタイルにおける自己志向性と他者志向性がともに上昇したことを報告した。このアニメーションは小学校などでも利用されつつあり、小学校からのピア・メディエーション（池島，2010）等にも応用が期待されている。とりわけ、桃太郎と鬼の和解のストーリーは、山本（2012）による法教育の基盤となる対立への考え方を学習するための体験プログラムの開発などとの関連でも利用が期待される教材であると考えた。

　著者は、2009年にひきつづき2012年の夏にも教員免許状更新講習として小学校教員から高等学校の教員に対して「平和学からの教育再論：発達のよりよい援助者となるために」と題する約6時間の講義とワークショップを実

施した。本章では、前章で紹介した 2009 年の教員免許状更新講習のプログラムの中にアニメーション教材（『みんなが Happy になる方法』）を導入することによって改善を加えた 2012 年の平和教育ワークショップの講習内容について報告する。また、アニメーション視聴を中心としたコンフリクト理論・スキルの学習によって、受講者のコンフリクト対処スタイルにおける自己志向性と他者志向性がどのように変化したかについて報告する。

本章の構成は、まずこの教員免許状更新講習の内容について説明し、次に講習のなかで実施した質問紙の回答を分析して教育効果を検証する。最後にプログラムの総合的な考察とアニメの位置づけについての検討を行う。

2　講習の概要

（1）内容

本講習は 2012 年 8 月 20 日（月）午前 9 時半〜午後 4 時半（50 分または 60 分のセッションを 6 回）に私立 D 大学（東京都）において行われた。受講者は 31 人（小・中・高他）であった。

ここで、今回の講習プログラムの概要を表 1 に示す。

表 1 のプログラムの内容と展開は、第 4 章 2009 年度の講習とほぼ同様である。ただし、今回は、新たにアニメーション教材の DVD を導入した。

（2）教材

今回中心教材として使用したアニメーション DVD の概要は次の通りである。これらは製作者・高部優子監督の説明に基づく。

表1　教員免許状更新講習（2012年8月20日）のプログラムの概要

セッション	テーマ	内容
1	暴力―平和	・日本の子ども・青年　二つの断面 ・暴力・平和の定義・基本概念 ・暴力の事例検討　シエラレオネ
2	コンフリクト―平和論（1）	・セッション1の暴力の事例のまとめと解説 ・コンフリクト対処スタイルの事前テスト ・コンフリクトの定義・基本概念
3	コンフリクト―平和論（2）	・トランセンドにおける「私メッセージ」 ・DVD1「ジョニー＆パーシー」視聴と討論
4	コンフリクト―平和論（3）	・トランセンドにおける「5つの決着点」 ・DVD2「Happyになる5つの方法」視聴と討論
5	コンフリクト―平和論（4）	・トランセンドにおける和解 ・DVD3「鬼退治したくない桃太郎」視聴と討論
6	まとめと評価	・コンフリクト対処スタイルの事後テスト ・まとめとふりかえり、評価票記入

1)「ジョニー＆パーシー」（約7分）

　本作の趣旨は、対立をエスカレートさせないコミュニケーションの方法である"私メッセージ"を伝えることにある。ケンカやもめ事が起きたとき、なかなか自分の気持ちを伝えられなかったり、攻撃的になってしまったりするときがある。"私メッセージ"は、「私」を主語に自分の気持ちをうまく伝え、お互いの気持ちを理解しあうコミュニケーションの方法である。ペンギンのジョニーとアザラシのパーシーが食料を取り合う物語のなかで、「私メッセージ」を伝える。映像制作は虫プロダクションの協力を得た。

図1　「ジョニー＆パーシー」の一場面

2)「鬼退治したくない桃太郎」(約10分)

本作の趣旨は、集団の話し合いで対立を解決する方法である"ホーポノポノ"を伝えることである。対立に関係するすべての人が集まって話し合う、ハワイに伝わる「ホーポノポノ」によって鬼と村人の対立の解決が図られる。これは、15cm前後の人形と背景セットを作り、人形を少しずつ動かすストップモーションアニメである。

図2 「鬼退治したくない桃太郎」の一場面

3)「Happyになる5つの方法」(約7分)

本作では、対立の建設的な転換のための「トランセンド」法が描かれる。小学校のホームルームの話し合い場面で、問題の解決方法は1つではなく複数あるということ、また建設的な解決方法「トランセンド」があるということを、ホームルームの話し合いという設定の中で伝えようとした。

図3 「Happyになる5つの方法」の一場面

3 教育効果の検証

(1) 目的

本研究の目的はDVDを用いた紛争解決教育がどのような効果を持ったかを、事前事後テストの比較により検討することである。

（2）方法

教育の場と対象

　実施概要：2012年8月20日、私立D大学を会場に現職小中高教員を対象に実施された教員免許状更新講習において、筆者が実施した「平和学からの教育再論：発達のよりよい支援者となるために」を受講した31名のうち、研究協力に同意した30名（男13人、女17人）のデータを分析の対象とした。

実施手順

　表1に示した講習プログラムにおいて、コンフリクト対処スタイルの事前テストをセッション2において実施し、3つのアニメーションでの学習後、事後テストを最終セッション6で実施した。

調査内容

　村山ら（2005）の葛藤対処スタイル尺度を用いた事前テスト・事後テストを3つのアニメーション視聴の前後に実施した。村山ら（2005）は、2回の予備調査を経て尺度の原案を作成し、大学生233名を対象とした調査により検出された自己志向対処（7項目）、他者志向対処（7項目）の2因子14項目を抽出している。

（3）結果

a．自己志向と他者志向

効果の有無

　自己志向の平均点の、事前テストから事後テストへの推移を見ると、全体の平均点の変化は $M=.167$, 95% $CI\,[.034\;.298]$, $SD=.354$ と増加しており、統計的に有意であった（$t(30)=2.578$, $p=.015$）。効果の大きさは $ES=.47$ で

あり、プラスの「中ぐらいの」効果量が得られた（大久保・岡田，2012：p.134 および pp.94-96 参照）。また、効果の一般性をみると、点数が増加した人が 18 人、変化なしが 6 人、減少した人が 6 人で、全体の 60% の参加者に自己志向のコンフリクト対処スタイルの点数の向上という効果が見られた。

他者志向の平均点の合計の、事前テストから事後テストへの推移を見ると、全体の平均点の変化は $M = .309, 95\% CI [.201 .4172], SD = .288$ と大きく増加しており、統計的に有意に増加していた（$t(30) = 5.879, p < .001$）。効果の大きさは $ES = 1.07$ であり、プラスの「大きな」効果量が得られた。また、効果の一般性をみると、点数が増加した人が 22 人、変化なしが 7 人、減少した人が 1 人で、全体の 73% の参加者にコンフリクト対処スタイルの点数の向上という効果が見られた。

感想文の評価分析

感想文について、肯定的な内容のものを（＋）、否定的な内容のもの（－）、中立的（どちらとも言えないもの、または両方の評価が含まれているもの）（0）の 3 つのカテゴリに分類した。

DVD のみの感想については、セッション 3 で用いた DVD 作品「ジョニー＆パーシー」は、肯定的な感想が 22 人（73.3%）、否定的な感想が 2 人、中立的感想が 6 人であった。セッション 4 で用いた作品「Happy になる 5 つの方法」については、肯定的な感想が 21 人（70.0%）、否定的な感想が 4 人、中立的感想が 5 人であった。セッション 5 で用いた作品「鬼退治したくない桃太郎」については、肯定的な感想が 28 人（93.3%）、否定的な感想が 2 人、中立的感想が 0 人であった。

DVD 視聴と討論、補足解説を含むセッション全体についての感想は、以下の通りであった。まず、セッション 3 については、肯定的な感想が 24 人（80.0%）、否定的な感想が 3 人、中立的感想が 3 人であった。次に、セッション 4 については、肯定的な感想が 26 人（86.7%）、否定的な感想が 1 人、中

立的感想が 3 人であった。最後に、セッション 5 については、肯定的な感想が 25 人（83.3%）、否定的な感想が 3 人、中立的感想が 2 人であった。

また、事後テストにおける自由記述の感想文の内容を分析したところ、ポジティブ評価 44 人、中立的評価 16 人、ネガティブ評価 1 人、無記入 10 人であり、記入者の 72% が肯定的評価をしていた。

6 つの変数に性差や学校差や年齢差があるかを検定したところ（Bonferroni の補正を行った）、性差、学校種別差、年齢差がいずれも統計的に有意ではなかったので、全体的に分析する。

効果の大きさ（効果量）

効果の大きさを、大久保・岡田（2012：pp.64-68）の第一の考え方により Glass の Δ を算出したところ、自己志向は $d = .31$, 他者志向は $d = .91$ であり、他者志向の向上の効果が大きかった。

効果の一般性

自己志向平均点は増加した人数 18 人、変化なしの人数 2 人、減少した人数 10 人であり、全体の 60% に効果が見られた。他者志向平均点は増加した人数 22 人、変化なしの人数 4 人、減少した人数 4 人であり、全体の 73.3% に効果が見られた。

b. 4 つのタイプ分け

自己志向と他者志向の得点をそれぞれの中央値（3.14 〜 3.29 点：3.57 〜 3.71 点）で上位群と下位群に分けた。加藤（2003）の命名を参考にして、両方上位群を「統合」群、自己志向上位群でかつ他者志向下位群を「強制」群、自己志向下位群でかつ他者志向上位群を「譲歩」群、両方とも下位群を「回避」群と名付け、4 つのコンフリクト対処スタイルを比較した。事前テスト得点平均の中央値に基づき、自己志向高低群・他者志向高低群で全体を便宜

表2 事前・事後でのコンフリクト対処スタイルの変化

コンフリクト対処スタイル	事前		事後	
	人数	%	人数	%
統合	9	30.0	20	66.7
強制	7	23.3	3	10.0
譲歩	8	26.7	5	16.7
回避	6	20.0	2	6.7
合計	*30*	*100.0*	*30*	*100.0*

的に4群に分けると、「統合」(高高群) 9人 (30%)、「強制」(高低群) 7人 (23%)、「譲歩」(低高群) 8人 (27%)、「回避」(低低群) 6人 (20%) であった。

同じ点数基準で事後テストの結果を見たところ、「統合」(高高群) は20人 (67%) で事前テストよりも11人増加、「強制」(高低群) は3人 (10%) で4人減少、「譲歩」(低高群) は5人 (17%)、で3人減少、「回避」(低低群) は2人 (5.6%) で4人減少という変化が見られた。以上を表2にまとめて示す。

事前と事後の各タイプの人数の変化から効果の有無を検討すると、$\chi^2(3)=8.465, p=.039$ であり、統計的に有意な効果があったと確認できる。残差分析より「統合」の人数が有意に増加した。効果の大きさの指標としては、Cramer の $V=.376$ であり、「大きな」効果量が得られたと解釈できる(大久保・岡田, 2012：pp.94-96参照)。効果の一般性(南風原, 2011)をみるために、「統合」に3点、「強制」「譲歩」に2点、「回避」に1点を与えて点数の増減をみると、プラスの変化12名、変化なし18人、マイナスの変化0人であり、12人を30人で割ると全体の40%にプラスの効果があったといえる。

c. D大学「免許状更新講習受講者評価結果報告」による評価結果

なお、教員免許状更新講習の受講者アンケートからの公式的な評価書であ

る、「免許状更新講習受講者評価結果報告」によれば、本講習の参加者 31 人のうち 30 人が回答している。その結果は、評価項目 I「本講習の内容・方法についての総合的な評価」では、4「よい」が 27 人、3「だいたいよい」が 3 人で 2「あまり十分でない」と 1「不十分」がともに 0 人であった。評価項目 II「本講習を受講したあなたの最新の知識・技能の修得の成果についての総合的な評価」では、4「よい」が 27 人、3「だいたいよい」が 3 人で 2「あまり十分でない」と 1「不十分」がともに 0 人であった。

d. 下位尺度間の相関係数

本研究の 2 つの下位尺度間の相関係数はその結果、事前では $r=-.202$、事後では $r=.208$、事前と事後の変化は $r=-.123$ であり、有意ではなかった。ほとんど相関が無かったことは、村山ら（2005）の結果と一致している。

4 考察

(1) プログラムの評価

今回の事前事後テストの結果では、自己志向と他者志向のいずれもが、プログラム終了直後に向上した。また、この 2 つに基づく二重関心モデル（大渕, 2012）による 4 つの類型の人数の変化から見ても、自己志向と他者志向の両方を兼ね備える「統合」タイプの人間が増加した。杉田・いとう・井上（2012：本書第 6 章）の大学 1 年生の変化と同様に、今回の教員を対象としたプログラムの結果も当該 DVD を用いた教育の有効性を示唆するものであった。

(2) アニメ導入による 1 回目と 2 回目（今回）の講習の比較

著者が担当する教員免許状更新講習の講座は、今回が 2 回目である。前回

のプログラムの紹介とプログラム評価は、いとう・杉田・井上（2010：本書第4章）で紹介されている。この報告と比較すると、今回のプログラムは、より紛争解決（コンフリクト―平和論）に重きをおいたこと、アニメ教材を導入したこと、よりディスカッションを取り入れたこと、事前・事後テストの比較によるプログラム評価をとりいれたこと、という4点が特徴的だった。感想文から、アニメを導入することにより、より親しみやすいテーマとして捉えられ、また、リラックスして受講できたということが明らかになった。

(3) ピア・メディエーションへの活用

池島（2010）たちのグループは、小学校でピア・メディエーションという方法で、紛争解決教育を行っている。池島らは、小学校4年生頃からピア・メディエーションが可能であるとしている。池島・竹内（2011）では、現場教師が出演したDVDの付録付きで、ピア・メディエーションを紹介している。このような、身近な出演者が登場する実写のストーリーを教育的に活用することも有効な方法の一つであろう。これに対して、本研究では、アニメという手法を用いて、別の意味で小さな子どもにも親しみやすい映像教材を使用している。それぞれの方法での有効性や制約を認め合いながら、各々の特徴を生かした教材利用が今後求められよう。

(4) 本研究の限界と今後の課題

今回の実践は心理学実験としてではなく、現場教師への平和理論の紹介と、その具体化としての紛争解決教育の導入を目的としたワークショップ型の教育場面で実施された。したがって、アニメーション作品以外の要素の効果も含めた総合的な評価がされているといえる。厳密にアニメーション作品自体の効果を測定するためには、より配慮された実験計画による条件統制が必要である。

もっとも、本DVD作品は、解説テキスト（平和教育アニメーションプロジェ

クト，2012）にあるように、参加型学習、ロール・プレイ、分かちあい、アクティブ・リスニング、協同学習（Cooperative Learning）、問題解決といった学習活動に組み込まれた使用を想定している（平和教育アニメーションプロジェクト，2012：p.41）。実践的には、そうしたひとまとまりの教育活動を通してどのような効果があるかを検証することも重要である。

　上記のような限界があるにもかかわらず、本研究では1日間の教育的介入でも視聴覚教材を取り入れた紛争解決教育を行うことにより、コンフリクト対処スタイルが顕著に向上するという結果を得た。今後のアニメーション教材のさらなる活用が期待される。

謝辞・付記
研究にご協力いただいた講座受講者のみなさんに感謝いたします。

文献
藤田明史（2012）．【アニメ評】アニメ『みんながHappyになる方法：関係をよくする3つの理論』をめぐる対話　トランセンド研究，10（1），36-37．

Galtung, J.（1996）. *Peace by peaceful means: Peace and conflict, development and Civilization*, Thousand Oaks, CA: Sage.

ヨハン・ガルトゥング（伊藤武彦・奥本京子訳，2000）．平和的手段による紛争の転換：超越法　平和文化．

ヨハン・ガルトゥング（京都YWCAほーぽのぽの会訳，2003）．平和を創る発想術：紛争から和解へ　岩波書店．

ヨハン・ガルトゥング、藤田明史（編）（2003）．ガルトゥング平和学入門　法律文化社．

南風原朝和（2010）．個を重視する量的研究　カウンセリング研究，43，303-307．

長谷川寿一・長谷川真理子（2000）．戦後日本の殺人の動向　科学7月号，560-568．

平和教育アニメーションプロジェクト（2012）．みんながHappyになる方法：関係をよくする3つの理論　平和文化．

池島徳大（2010）．ピア・メディエーションに関する基礎研究　奈良教育大学教育実践総合センター研究紀要，19，37-45．

池上徳大・倉持祐二・橋本宗和・吉村ふくよ・松岡敬興（2005）．人間関係形成能

力を高める対立解消プログラムの学級への導入とその展開　奈良教育大学教育実践総合センター研究紀要，14，133-139.

池上徳大・倉持祐二・吉村ふくよ（2006）．子ども同士のもめごと対立問題への介入方略に関する学校教育臨床事例研究　奈良教育大学教育実践総合センター研究紀要，15，181-188.

池島徳大・竹内和雄（2011）．DVD付き　ピア・サポートによるトラブル・けんか解決法！：指導用ビデオと指導案ですぐできるピア・メディエーションとクラスづくり　ほんの森出版.

いとうたけひこ（2012）．トランセンドとは：アニメーション『Happyになる5つの方法』　平和教育アニメーションプロジェクト（編）みんながHappyになる方法　平和文化，pp.27-32.

いとうたけひこ・水野修次郎・井上孝代（2010）．紛争解決法としてのピア・メディエーション：関西M高校での取り組み　トランセンド研究，8（2），70-75.

いとうたけひこ・杉田明宏・井上孝代（2010）．コンフリクト転換を重視した平和教育とその評価：ガルトゥング平和理論を主軸にした教員免許更新講習　トランセンド研究，8（1），10-29.

井上孝代・いとうたけひこ・飯田敏晴（2011）．高等学校のステークホルダーの葛藤対処方略スタイルと適応：教職員のバーンアウト傾向及び学校特性の認知との関連　心理学紀要（明治学院大学），21，1-12.（井上孝代（2012），コンフリクト解決のカウンセリング：マクロ・カウンセリングの立場から　風間書房，pp. 179-197に再録）

村山綾・藤本学・大坊郁夫（2005）．2重考慮モデルによる葛藤対処スタイルの測定：議論性・コミュニケーション志向性との関係　日本心理学会第69回大会発表論文集，236．および発表したポスターのPDFファイル http://ayamurayama.com/archieves/conferences/index.html

大久保街亜・岡田謙介（2012）．伝えるための心理統計：効果量・信頼区間・検定力　勁草書房.

杉田明宏（2004）．平和心理学から見た「心のノート」問題　岩川直樹・船橋一男（編著）「心のノート」の方へは行かない　子どもの未来社，pp.187-209.

杉田明宏・いとうたけひこ・井上孝代（2012）．アニメ『みんながHappyになる方法』を用いた紛争解決教育：大学入門講座「アニメで学ぶ対立の解決」におけるコンフリクト対処スタイルの変化　トランセンド研究，10（1），24-33.

山本このみ（2012）．法教育の基盤となる対立への考え方を学習するための体験プ

ログラムの開発：日本メディエーションセンター、JMC ピア・メディエーション研究会，平和のための心理学者懇談会・心理科学研究会平和心理学部会 2012 年度第 5 回合同研究会発表資料（2012 年 9 月 6 日）（未公刊）

第6章

大学新入生講座『アニメで学ぶ対立の解決』におけるコンフリクト対処スタイルの変化

1 問題

　本章は、ガルトゥングの平和学（Galtung, 1996, 2000；ガルトゥング・藤田,
2003；いとう，2012a）に基づいて作成されたアニメーション（『Happy になる5
つの方法』）を利用して、大学新入生の入学ガイダンスにおける入門講座とし
て行ったワークショップ形式の平和教育の実践報告である。また、講座の前
後において実施した質問紙の結果を分析して、アニメーションによる平和教
育の実践の成果（アウトカム）を評価するものである。
　杉田・伊藤（2008）は、平和教育にとってガルトゥング理論に基づく平和
心理学が有用であることを主張した。また、本書の第4章と第5章では、教
員免許状更新講習の中で実施された、ガルトゥングの平和学の理論から立案
した平和教育ワークショップによって、教師が学校で直面するコンフリクト
状況を転換していく力量を形成するための取り組みの紹介と評価を行った。
　著者は2012年度の大学新入生の入学ガイダンスにおける入門講座として
大学新入生講座『アニメで学ぶ対立の解決』と題する平和教育のワークショ
ップを実施した。本章では、この大学新入生講座の内容について説明し、事
前事後のテストの比較により教育効果を検証し、最後に総合的な考察を行う。

具体的には、「平和教育アニメーション」の視聴により、コンフリクト対処スタイルがどのように変容するかを測定した。

2　方法

教育の場と対象

2012年4月14日、国立女性教育会館の研修室を会場に実施されたD大学文学部教育学科の新入生オリエンテーション合宿体験講座において、受講生71人（男27人、女44人）に対してワークショップ形式の入門講座を実施した。

実施手順

50分の体験講座において、表1に示したような手順で実施した。実施手順としては、予め機器のセッティングとテストを行い、講座の流れと資料の配付手順を学生要員と打ち合わせた。受講者の入室時にレジュメ（付録A）と事前質問紙「アンケートA」（付録B）を配布した。

講座では、まず始めにレジュメに沿って趣旨・教材・流れを簡単に説明した。次に事前質問紙「アンケートA」についてインストラクションを読み、5分程度で各自に記入させた。

全員の記入を確認の後、DVD「Chapter 3 Happyになる5つの方法」の前半部分、すなわちクラスの話し合いが紛糾する場面までを視聴し、一旦停止した。そこで「自分だったら、教師として学級委員としてどのように解決に持って行くだろうか」と問いかけ、周囲の人と話し合って解決法・アイディアを出し合わせ、それをレジュメの討論メモ欄に各自記入させた。

その上で、DVDの後半部分、すなわち紛争転換の5つのタイプ（図1参照）の意見が出されて話し合いがまとめられていく場面を視聴した。

視聴後、事後質問紙「アンケートB」（付録C）およびテキストのChapter 3の解説部分「トランセンドとは」（いとう, 2012a）のコピーを配布した。

表1　新入生オリエンテーション合宿体験講座『アニメで学ぶ対立の解決』の実施手順

	時間配分	活動	使用教材・機材
開始前準備		・機材セッティング・テスト ・配布物用意 ・要員との打ち合わせ ・レジュメ＋アンケートA配布	
説明	5分	① 教員自己紹介＋講座趣旨説明 ② 教材・流れ説明	・レジュメ
アンケートA記入	5分	① インストラクション ② 各自記入	・アンケートA
DVD視聴 12分	1分46秒 5分 4分49秒	① 前半視聴 ・5つの方法の前迄で停止 ② 「自分だったら教師として学級委員としてどう解決に持って行くか」を考えシートに記入 ③ 後半視聴 ・5つの方法〜	・DVD「Chapter 3 Happyになる5つの方法」 ・レジュメ記入シート ・DVD
振り返り	5分 10分	アンケートB・Chapter 3解説文配布 ① 視聴感想を各自シートに記入 ② 4〜5人に感想を求め短くコメント	・レジュメ記入シート
アンケートB記入	8分	各自記入	・アンケートB
まとめ	5分	補足説明 ・アニメの理論的背景にガルトゥング理論、紛争解決の5つの決着点があること ・本の全体構成 Chapter 1 私メッセージ、Chapter 2 和解の仕方があること ・今回の個人間・集団間の対立の話は、国家・民族・宗教間の対立と構造が共通であること ・今後の授業の中で本格的に勉強する機会があること	・Chapter 3解説文配布

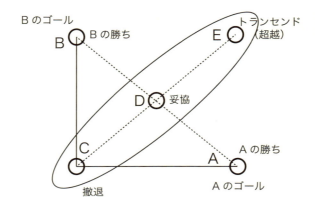

図1　紛争の5つの基本的な結果

DVDの振り返り作業として、発見・気づき・疑問などをレジュメの視聴メモ欄に記入させ、4〜5人の受講者にその内容を紹介してもらい、それぞれについて教員が短くコメントして意義づけした。その後にアンケートBに記入させた。

最後に、残りの5分程度で、解説コピーを参照しながら、アニメの理論的背景にヨハン・ガルトゥングの紛争・平和理論があること、家庭・学校での個人間・集団間の対立から国家・民族・宗教間の対立のレベルまで共通の構造で考えられること、教育現場での紛争解決が重要となっていることなどについて簡単な補足を行い、講座を終了した。

調査内容

第5章と同様に、コンフリクトへの対応方法を測定する村山ら（2005）の葛藤対処スタイル尺度［自己志向対処（7項目）、他者志向対処（7項目）の2因子14項目から構成される］を実施した。教示文は「あなたは、4、5人のグループで生じた、メンバー同士での意見の不一致や仲たがいに対して、以下の行動をどの程度取りますか。どれかに○をつけてください」とし、「か

なり使う（5点）」、「よく使う（4点）」、「どちらとも言えない（3点）」、「あまり使わない（2点）」、「全く使わない（1点）」のどれかを問うた。

3　結果

　自己志向と他者志向の得点をそれぞれの中央値で上位群と下位群に分けた。加藤（2003）の命名を参考にして、両方上位群を「統合」群、自己志向上位群でかつ他者志向下位群を「強制」群、自己志向下位群でかつ他者志向上位群を「譲歩」群、両方とも下位群を「回避」群と名付け、4つのコンフリクト対処スタイルを比較した。事前テスト得点平均の中央値に基づき、自己志向高低群・他者志向高低群で全体を便宜的に4群に分けると（表2）、「統合」（高高群）16人（22.5%）、「強制」（高低群）19人（26.9%）、「譲歩」（低高群）20人（28.2%）、「回避」（低低群）16人（22.5%）であった。

　同じ点数基準で事後テストの結果を見たところ（表3）、「統合」（高高群）は38人（53.5%）で事前テストよりも22人増加、「強制」（高低群）は14人（19.7%）で5人減少、「譲歩」（低高群）は15人（21.1%）で5人減少、「回避」（低低群）は4人（5.6%）で12人減少という変化が見られた。

　事前と事後の各タイプの人数の変化から効果の有無を検討すると、$\chi^2(3)=26.0, p<.001$ であり、統計的に有意な効果があったと確認できる。残差分析より「統合」の人数が有意に増加しており、「回避」の人数が有意に減少していた。効果の大きさの指標としては、Cramer の $V=.414$ であり、「大きな」効果量が得られたと解釈できる（大久保・岡田, 2012：p.94-96参照）。効果の一般性（南風原, 2010）をみるために、「統合」に3点、「強制」「譲歩」に2点、「回避」に1点を与えて点数の増減をみると、プラスの変化34名、変化なし32人、マイナスの変化5人であり、34人を71人で割ると全体の48%にプラスの効果があったといえる。

　自己志向と他者志向の平均点の合計の、事前テストから事後テストへの推

表2 事前のタイプ（事前の上位群・下位群）で4分割

コンフリクト対処スタイル	人数	パーセント
統合	16	22.5
強制	19	26.8
譲歩	20	28.2
回避	16	22.5
合計	*71*	*100.0*

表3 事後のタイプ（事前テストと同じ基準で分類）

コンフリクト対処スタイル	人数	パーセント
統合	38	53.5
強制	14	19.7
譲歩	15	21.1
回避	4	5.6
合計	*71*	*100.0*

移を見ると、全体の平均点の変化は $M=.78$, 95% CI [.59 .97], $SD=.81$ と大きく増加しており、統計的に有意に増加していた（$t(70)=8.175, p<.001$）。効果の大きさは $ES=.78/.81=.96$ であり、プラスの「大きな」効果量が得られた。また、効果の一般性をみると、点数が増加した人が50人、変化なしが12人、減少した人が9人で、全体の50人/71人 = 70%の参加者にコンフリクト対処スタイルの点数の向上という効果が見られた。

また、事後テストにおける自由記述の感想文の内容を分析したところ、ポジティブ評価44人、中立的評価16人、ネガティブ評価1人、無記入10人であり、記入者の72%が肯定的評価をしていた。

4 考察

(1) 結果の要約

　コンフリクト対処スタイルの変化、得点の変化、事後の感想文の内容の3つの指標から、今回のアニメによる入門的な紛争解決教育のワークショップに教育効果が認められた。事後の自由記述の感想文には、解決法が多数決だけではない、答えは一つだけではない、話し合うことで発想や違った意見が出る、柔軟な発想の重要など、さまざまな気づきが記されており、今後に役立てたいという意欲も示されていた。このように、短時間の教育的介入でも効果が大きいことが実証された。これまでの1日の研修の効果（いとう・杉田・井上，2010：本書第4章）や5日間のスタディ・ツアー（杉田・いとう，2011）などの介入よりは、はるかに短時間であったが、その教育的効果は大きかった。

(2) アニメーションによる紛争解決教育の意義

　本研究で用いたビデオ教材は、藤田（2012）が内容を肯定的に評価している。また、効果性と効率性という観点からは、「効楽安近短モデル」（いとう，2012b）に合致するといえる。すなわち、本作品は、子どもたちが学校の授業などの場面でコンフリクトを平和的に転換するための発想やスキルを獲得することを想定して作成されている。アニメーションはそうした年少の学習主体が興味・関心を寄せやすいメディアである。しかし、今回実施した大学新入生たちも楽しんで視聴しており、本作品は、アニメーション文化に馴染んでいる大学生年齢にとっても有効であるという印象を受けた。

　また、本作品は小学校の授業でも活用しやすいように一話10分以内という短さにまとめるため、ポイントとなる主張や考え方がコンパクトにわかり

やすい表現で整理され組み立てられている。この特徴は、紛争解決教育に触れる機会が少ない日本の大学生や大人にとっても理解しやすいものになっていると言えよう。

このアニメDVDは、紛争解決教育の教材・補助教材として、本研究でも示したように効果が大きく、子どもでも親しめるアニメーションという形式で、感想文にもあるように楽しい内容であり、価格も手ごろであり内容に侵襲性もなく、市販されておりアクセスがしやすく、1エピソードあたり6-9分程度の短時間で視聴ができる、など優れた特徴を備えているといえる。

(3) 紛争解決教育の意義

幼児期から青年期にいたる発達過程において、友人同士のもめごと・対立、からかい・意地悪・いじめといったコンフリクトを経験する多くの子どもたちにとって、そうした事態に対処し転換していくための知識、思考法、スキルを獲得するニーズは大きいと言えよう。そのための紛争解決教育は、近年日本においても教育関係者を中心に注目され、第5章で触れたように、ピア・メディエーションなどの実践と研究が進められてきている（いとう・水野・井上，2010）。

しかし、年少の学習者が直接活用できる教材と実践例はまだ希少であるため、今回使用したような、親しみやすいマンガやアニメーションを用いた教材の開発と活用研究が重要な課題であるといえよう。その意味では、今回使用した教材は優れているといえよう。

(4) 本研究の限界と今後の課題

第5章で述べたことと共通するが、今回の実践は心理学実験としてではなく、大学新入生に対する学問体験を目的としたワークショップ型の教育場面で実施された。そのため、教育効果を高める目的から、事前テスト—アニメーション視聴—事後テストの過程の中に、内容上のポイントを意識化し考え

るための文章化、受講生同士の話し合い、講師からのコメントが挿入されている。したがって、アニメーション作品以外の要素の効果が評価されていることは否定できない。厳密にアニメーション作品自体の効果を測定するためには、条件統制が必要であろう。

　もっとも、本作品は、テキストにあるように、参加型学習、ロール・プレイ、分かちあい、アクティブ・リスニング、協同学習（Cooperative Learning）、問題解決といった学習活動に組み込まれた使用を想定としているため（平和教育アニメーションプロジェクト，2012：p.41）、そうしたひとまとまりの実践を通してどのような効果があるかに着目することにこそ意味があるものと考えられる。

　また、今回の実施対象は教育学・教員養成系であり小学校教員志望者が多数を占めるという特徴をもつが、他の学部・分野の大学生においても同様の結果となるかどうかは、実験を追加して検証する必要がある。

　上記のような限界があるにもかかわらず、本研究では短時間の教育的介入でも視聴覚教材を取り入れた紛争解決教育を行うことにより、コンフリクト対処スタイルが統合型に顕著に変化するという結果を得た。第5章で紹介したように、今回用いたトランセンドのストーリーの他にも、『みんながHappyになる方法―関係をよくする3つの理論』では、「私メッセージ」のストーリー（「ジョニー＆パーシー」）と「和解」のストーリー（「鬼退治したくない桃太郎」）もある。今後の活用が期待される。

謝辞・付記

　研究協力者としてご協力いただいたD大学2012年度入学生の講座受講者のみなさんに感謝いたします。

文献

藤田明史（2012）．【アニメ評】アニメ『みんながHappyになる方法：関係をよくする3つの理論』をめぐる対話　トランセンド研究，10（1），36-37.

Galtung, J.（1996）. *Peace by peaceful means : Peace and conflict, development and Civilization*. Thousand Oaks, CA: Sage.

ヨハン・ガルトゥング（伊藤武彦・奥本京子訳，2000）．平和的手段による紛争の転換：超越法　平和文化．

ヨハン・ガルトゥング（京都 YWCA ほーぽのぽの会訳，2003）．平和を創る発想術：紛争から和解へ　岩波書店．

ヨハン・ガルトゥング、藤田明史（編）（2003）．ガルトゥング平和学入門　法律文化社．

平和教育アニメーションプロジェクト（2012）．みんなが Happy になる方法：関係をよくする3つの理論　平和文化．

南風原朝和（2010）．個を重視する量的研究　カウンセリング研究，43，303-307．

いとうたけひこ（2012a）．トランセンドとは：アニメーション『Happy になる5つの方法』　平和教育アニメーションプロジェクト（編）みんなが Happy になる方法　平和文化，pp.27-32．

いとうたけひこ（2012b）．コミュニティ援助の意義とコミュニティ援助モデル　いとうたけひこ（編）コミュニティ援助への展望　角川学芸出版，pp. 35-67．

いとうたけひこ（2012c）．複線径路・等至性モデル（trajectory equifinality model）による紛争解決過程の分析　2012年5月6日　日本科学者会議　複雑系科学研究会・トランセンド研究会 ワークショップ「平和学における複雑系科学の可能性」当日発表資料（未公刊）．

いとうたけひこ・水野修次郎・井上孝代（2010）．紛争解決法としてのピア・メディエーション：関西 M 高校での取り組み　トランセンド研究，8（2），70-75．

いとうたけひこ・杉田明宏・井上孝代（2010）．コンフリクト転換を重視した平和教育とその評価：ガルトゥング平和理論を主軸にした教員免許更新講習　トランセンド研究，8（1），10-29．（本書第4章）

井上孝代・いとうたけひこ・飯田敏晴（2011）．高等学校のステークホルダーの葛藤対処方略スタイルと適応：教職員のバーンアウト傾向及び学校特性の認知との関連　心理学紀要（明治学院大学），21，1-12．（井上孝代（2012）．コンフリクト解決のカウンセリング：マクロ・カウンセリングの立場から　風間書房，pp.179-197 に再録）．

孫崎 享（2012）．不愉快な現実：中国の大国化、米国の戦略転換　講談社．

岡本 悠，井上孝代（2014）．青年期における対人葛藤が解決するまでのプロセス　心理臨床学研究，32（4），502-512．

大久保街亜・岡田謙介（2012）．伝えるための心理統計：効果量・信頼区間・検定力　勁草書房．

杉田明宏・伊藤武彦（2008）．日本における平和心理学の発展：心理科学研究会平和心理学部会 20 年の活動を焦点に　心理科学, 28（2），42-55.

杉田明宏・いとうたけひこ（2011）．沖縄ピースツアーの効果と意義：テキストマイニングを用いて　トランセンド研究, 9（1），46-68.（本書第 2 章）

付録 A　講座用のレジュメとワークシート

アニメで学ぶ対立の解決
―トランセンド超入門―
杉 田 明 宏
（社会心理学・平和心理学）
e-mail *psbya9@ yahoo-co.jp*
website　*http://homepage2.nifty.com/peacecom/*

◇趣旨
この講座では、対立を建設的に非暴力で解決するスキルをアニメーションによって学ぶ体験をします。私たちが生活していくなかで、もめごとや対立（conflict）は残念ながら避けることはできません。しかし、この対立をエスカレートさせないコミュニケーションの方法や、建設的に解決する方法はあります。それを知ることは、大学生活や将来の社会生活、教室での子どもたちの指導などにおいて、より良い人間関係を築いていくためのヒントとなるでしょう。（合宿ガイダンス実施要綱より）

◇参考文献（教材）
平和教育アニメーションプロジェクト（編）『みんなが Happy になる方法―関係をよくする3つの理論』平和文化．2012 年．

◇本時の流れ
①説明→②アンケート A 記入→③ビデオ視聴（中間討論）→④振り返り→⑤アンケート B 記入

◇視聴・討論メモ

③用：グループで出された解決法・アイディア	④用:事後の振り返り（発見　気づき　疑問）

付録B　事前質問紙

アンケートA

＊どの質問に対しても、正解や良い答えはありません．大学の成績とも関係ありませんので、率直にご回答ください．また、アンケートは匿名で行い、回答結果はコンピューター処理されますので、個人の回答内容が周囲や外部の人たちにもれることは絶対にありません．なお、分析結果は研究・教育目的でのみ使用します．

大東文化大学文学部教育学科　杉田明宏

---

1. あなたは、ふだん、家庭や学校などで起きたもめごとや対立に対して、以下の行動をどの程度取っていると思いますか．すべての項目について、1～5のどれかに○をつけてください．

		かなり使う	よく使う	どちらとも言えない	あまり使わない	全く使わない
1	自分から行動したり発言する	5	4	3	2	1
2	相手の意見を受け入れる	5	4	3	2	1
3	相手が理解するまでとことん説明する	5	4	3	2	1
4	互いによく認め合うようにする	5	4	3	2	1
5	うまく相手を納得させる意見を言う	5	4	3	2	1
6	自分が思ったことばかり口に出さない	5	4	3	2	1
7	自分から仕切る	5	4	3	2	1
8	相手の意見をじっくり聞く	5	4	3	2	1
9	自分の考え方を一生懸命説明する	5	4	3	2	1
10	相手の考えを尊重する	5	4	3	2	1
11	人任せにしない	5	4	3	2	1
12	感情を抑える	5	4	3	2	1
13	自分の意見を受け入れさせる	5	4	3	2	1
14	頑固になり過ぎない	5	4	3	2	1

2. あなた自身について教えてください．
(1) あなたの誕生日 ［　　］月［　　］日
(2) あなたの好きな色を書いてください．（いくつでも）：
(3) あなたの性別について、どちらかの数字に○をつけてください．
　　　　1. 男　　2. 女
(4) あなたの年齢（　　　）歳

ご協力ありがとうございました．

付録C 事後質問紙

アンケートB

1. このアニメーションを見て感じたこと・考えたことを自由に書いてください．

2. あなたは、今後、家庭や学校などで起きたもめごとや対立に対して、以下の行動をどの程度取るだろうと思いますか．すべての項目について、1〜5のどれかに○をつけてください．

		かなり使う	よく使う	どちらとも言えない	あまり使わない	全く使わない
1	自分から行動したり発言する	5	4	3	2	1
2	相手の意見を受け入れる	5	4	3	2	1
3	相手が理解するまでとことん説明する	5	4	3	2	1
4	互いによく認め合うようにする	5	4	3	2	1
5	うまく相手を納得させる意見を言う	5	4	3	2	1
6	自分が思ったことばかり口に出さない	5	4	3	2	1
7	自分から仕切る	5	4	3	2	1
8	相手の意見をじっくり聞く	5	4	3	2	1
9	自分の考え方を一生懸命説明する	5	4	3	2	1
10	相手の考えを尊重する	5	4	3	2	1
11	人任せにしない	5	4	3	2	1
12	感情を抑える	5	4	3	2	1
13	自分の意見を受け入れさせる	5	4	3	2	1
14	頑固になり過ぎない	5	4	3	2	1

3. あなた自身について教えてください．
(1) あなたの誕生日 ［　　　］月［　　　］日
(2) あなたの好きな色を書いてください．（いくつでも）：
(3) あなたの性別について、どちらかの数字に○をつけてください．
　　　　1. 男　　2. 女
(4) あなたの年齢（　　　　）歳

4. 最後に、調査内容について、ご意見・ご感想等ありましたら裏面に記載してください．

　　　　　　　　　　　　　質問は以上です．ご協力ありがとうございました．

あとがき

　本書は、これまで筆者が追究してきた平和心理学の研究の一端をまとめたものである。思えば、高校生の時、原民喜の小説『夏の花』を読んだ衝撃が平和研究の端緒であった。大学に入ってからは、子どもの発達への社会的影響に興味を持ち、子どもの遊びを育てる地域の教育力をテーマに卒業論文を書いた。大学院に進学してからは、青年の社会的・政治的発達に関心を抱き、また80年代の核軍拡戦争の危機の状況と日本の軍事化への傾斜に切迫感を覚え修士論文のテーマを大学生の平和意識調査とした。それを契機に世界的な平和心理学の潮流に触れたことが大きな刺激となり、平和の問題に心理学としていかに関わることができるかというテーマが明確となった。当時の心理学としては難しいテーマであったため、就職ができるか周りから危ぶまれたが、幸いにも1991年、32歳で大東文化大学教育学科の助手として定職を得ることができた。

　1995年の沖縄での米海兵隊員による少女暴行事件は、研究テーマの中心を沖縄へと移す契機となった。その翌年にゼミを開講した際は、迷うこと無く沖縄をフィールドとして平和学習の在り方を追究することにした。以来20年、沖縄スタディツアーをゼミ活動の主軸に位置づけ、ゼミ生とともに学んできた。この教育活動が、教員として、研究者としての自分の原動力になっているように思う。

　2000年のヨハン・ガルトゥングとの出会いは、私の平和心理学研究の枠組みを決定づけるインパクトがあった。暴力と紛争（コンフリクト）から組み立てる平和理論は、心理学と平和をつなぐ重要な鍵となった。また、平和研究が単に状況の分析・解釈の学ではなく、非暴力・共感・創造性を持って平和を創り出す営為であることに気づかされた。この出会いと国連「平和の文化国際年」（2000年）の制定が、その後の平和の文化を創り出す実践・研

究として現在に至っている。同時期に関わり始めた「平和のための埼玉の戦争展」「板橋いのちふるさと平和のつどい」といった地域社会での活動も、研究・教育と社会・地域を結び、研究の社会的価値を問い直し、学生が成長する場として意義深いものであると感じている。

いま世界・アジア・日本の平和をめぐる状況は肯定的な要素と否定的な要素がせめぎ合いを強めており、解決を要する課題が多々存在する。今後も平和心理学徒として研究・実践に邁進していきたい。

本書を上梓するに当たり、以下の方々に感謝したい。東北大学大学院時代の指導教員である、故宮川知彰先生と、寺田晃先生、片岡彰先生の学恩に感謝する。また、東京に移ってからは、心理科学研究会（心科研）平和心理学部会と平和のための心理学者懇談会（平心懇）トランセンド研究会を軸に研究活動ができた。とりわけ、多くの論文の共著者でもある、いとうたけひこ氏（和光大学）と井上孝代氏（明治学院大学名誉教授）には、長年にわたって刺激と励ましを与えていただき、感謝する。本書のテキストマイニングの分析にあたっては故守下理さん、武藤瑛さん、大高庸平さんの助力を得た。また、堀口裕太さん、木下恵美さん、末吉悦子さんに原稿の点検をしていただいた。記して感謝したい。

本書を世に送り出してくださった風間敬子社長をはじめとする風間書房の皆さまには特段の感謝を申し上げる。

また、平和学習のあり方を共に研究してくれた歴代のゼミ生の皆さん、現地学習や体験証言の聴き取り、学習成果の発表等の活動を支えてくださった沖縄、埼玉、板橋の各地域の教員・市民の皆さんに御礼を申し上げる。

最後に、これまで家族として私の研究生活を支えてくれた、妻の睦子と子どもたちの洋樹と文香に深く感謝する。

また、私を慈しみ育てていただいた、父・慶一郎と亡き母・咲子に本書を捧げたい。

杉 田 明 宏

初出一覧

第１章
杉田明宏（2006）．沖縄・平和ガイドの平和心理学的考察　心理科学，26（2），30-47．

第２章
杉田明宏・いとうたけひこ（2011）．沖縄ピースツアーの効果と意義：テキストマイニングを用いて　トランセンド研究，9（1），46-68．

第３章
いとうたけひこ・宮崎郁江・杉田明宏（2012）．沖縄の各都道府県別の慰霊塔・碑の特徴：テキストマイニングによる分析　トランセンド研究，10（1），10-23．

第４章
いとうたけひこ・杉田明宏・井上孝代（2010）．コンフリクト転換を重視した平和教育とその評価：ガルトゥング平和理論を主軸にした教員免許更新講習　トランセンド研究，8，10-29．

第５章
杉田明宏・いとうたけひこ・井上孝代（2012）．コンフリクト転換を重視した平和教育とその評価：教員免許状更新講習におけるアニメ『みんながHappyになる方法』活用の実践と効果　トランセンド研究，10（2），67-78．

第６章
杉田明宏・いとうたけひこ・井上孝代（2012）．アニメ『みんながHappyになる方法』を用いた紛争解決教育：大学入門講座『アニメで学ぶ対立の解決』におけるコンフリクト対処スタイルの変化　トランセンド研究，10（1），24-33．

著者略歴

杉田明宏（すぎた あきひろ）

大東文化大学准教授。専門は心理学、平和学。東北大学大学院教育学研究科博士後期課程単位取得退学。日本心理学会、日本発達心理学会、日本平和学会、心理科学研究会、トランセンド研究会会員。平和の学び場コラボ21常任理事、「平和のための埼玉の戦争展」呼びかけ人。原爆の図丸木美術館理事。沖縄平和ネットワーク会員。
著書に『平和を創る心理学』『平和を創る心理学　第2版』、『語り継ぎ未来を拓く平和心理学』（共著）、『暴力についてのセビリア声明』（共編）など。

コンフリクト転換の平和心理学
――沖縄と大学教育をフィールドとして――

2017年4月15日　初版第1刷発行

著　者　　杉　田　明　宏
発行者　　風　間　敬　子
発行所　　株式会社　風　間　書　房
〒101-0051　東京都千代田区神田神保町1-34
電話 03（3291）5729　FAX 03（3291）5757
振替 00110-5-1853

印刷　堀江制作・平河工業社　　製本　井上製本所

©2017　Akihiro Sugita　　　　　　　　　　NDC分類：140
ISBN978-4-7599-2176-2　　Printed in Japan

JCOPY 〈（社）出版者著作権管理機構 委託出版物〉
本書の無断複製は、著作権法上での例外を除き禁じられています。複製される場合はそのつど事前に（社）出版者著作権管理機構（電話 03-3513-6969、FAX 03-3513-6979、e-mail: info@jcopy.or.jp）の許諾を得て下さい。